Leo Hartong

Zum Traum erwachen

AF287188

Leo Hartong

Zum Traum erwachen

Die Kunst hellsichtig zu leben

Aus dem Englischen übersetzt von
Stephan Schuhmacher

Edition Spuren

Die Originalausgabe erschien 2001 unter dem Titel
«Awakening to the Dream»
bei Trafford, Oxford, England

© 2001 by Leo Hartong
www.awakeningtothedream.com

© der deutschsprachigen Erstausgabe 2006 by
Edition SPUREN
Bahnhofplatz 14, CH-8400 Winterthur
edition@spuren.ch   www.spuren.ch
2. Auflage 2020
Übersetzung: Stephan Schuhmacher
Umschlaggestaltung: Marco Perini
Printed in Germany

ISBN 978-3-905752-00-7

Inhalt

Danksagung

Voller Dankbarkeit widme ich dieses Buch:

Alan Watts, der mir den «Weg des Zen»
gewiesen hat;
Ramesh Balsekar, durch den das Bewusstsein
spricht;
Wayne Liquorman, der das «Ich» aus dem
Verstehen entfernt hat;
Tony Parsons, der es gesagt hat, wie es ist;
Nathan Gill, der sich die Zeit genommen hat,
klar zu sein;
Jae, der mich geschubst hat und mir unschätzbar
wertvolle Anregung und Rückmeldung gegeben
hat;
Chuck Hillig, der den Titel inspiriert hat;
Und dem Einen, das durch sie alle und jeden
spricht.

O Zeit und Raum! Jetzt sehe ich, dass wahr ist,
was ich zuvor nur erahnte,
Was ich erahnte, als ich mich im Gras wälzte,
Was ich erahnte, als ich allein in meinem Bette
lag,
Und auch, als ich unter dem verblassenden
Sternenzelt des Morgens
Den Strand entlangwanderte.[1]
WALT WHITMAN

Vorwort

Das Buch *Zum Traum erwachen* ist mit einer Klarheit der Wahrnehmung geschrieben, wie sie in der Masse der heute erscheinenden Werke, die angeblich ein Ausdruck von Weisheit sind, nur selten anzutreffen ist.

Die meisten der populären Lehren über die Erleuchtung beruhen auf der fälschlichen Annahme, dass es so etwas wie ein separates Individuum gibt, welches sich dafür entscheiden kann, durch Anstrengung und Reinigung etwas zu erlangen, das man Erleuchtung nennt. Dieser anleitende und zielorientierte Ansatz ist für ein Guru-Bewusstsein natürlich sehr attraktiv, das vor allem dadurch im Geschäft bleiben will, dass es Konfusion verbreitet. Aus der nichtdualistischen Perspektive betrachtet, ist jedoch nichts von diesen Aktivitäten relevant. Leo Hartong spricht unmittelbar aus dem klaren blauen Himmel der Nondualität und geleitet die Leser sanft, aber ohne Kompromisse einzugehen, dazu hin, die ursprüngliche und bleibende Natur dessen, was sie sind, zu sehen.

Das Buch beginnt sehr schön mit einer deutlichen Erklärung seiner Absichten, und im ganzen Werk hat man das Gefühl, den Brief eines Freundes zu lesen, der uns behutsam, aber mit großer Leidenschaft etwas vollständig klar machen möchte. Der Autor hat diese Darstellung seiner Wahrnehmung des Mysteriums mit treffenden Zitaten aus klassischen und zeitgenössischen Quellen gespickt.

Einfach ausgedrückt, ist es die Abwesenheit allen Suchens, die das Wunder dessen offenbart, was bereits ist. Und obwohl dieses schlichte und ehrfurchtgebietende Geheimnis unmöglich in Worte zu fassen ist, ist es ein Vergnügen, an Leo Hartongs Forschungsreise teilzuhaben.

Tony Parsons
(www.theopensecret.com)

Was geschieht,

wenn man vom Rand der Welt fällt?

Lohnt es sich, zu dem zu erwachen, was ich wirklich bin? Werde ich dadurch etwas gewinnen, das mein Leben verbessern wird? Werde ich dadurch zu einem besseren und erfolgreicheren Menschen? Kurz gesagt: Was bedeutet es, ein erwachtes Leben zu führen? Das scheinen total vernünftige Fragen zu sein, und im Verlauf der Suche stellen sich diese Fragen häufig.

Für viele Menschen ist die Hoffnung auf ein besseres Leben im Wesentlichen das, was sie motiviert, so viel in diese Suche zu investieren. Es gibt jedoch ein Problem mit diesen Fragen, das es unmöglich macht, eine direkte Antwort zu geben – die Tatsache nämlich, dass sie aus der begrenzten Perspektive entspringen, die der Suchende ja gerade überschreiten möchte. Die Fragen mögen sich vernünftig anhören, aber sie sind an sich problematisch.

Lassen Sie mich ein konkretes Beispiel geben. Bevor die Menschen wussten, dass die Erde eine Kugel ist, war die Frage, wohin man von ihrem Rand abstürzen würde, vollkommen vernünftig, auch wenn sie aus unserer heutigen Perspektive unsinnig ist. Wenn Sie in diese Zeit zurückreisen könnten, wäre es nicht einfach, dem Fragenden eine Antwort zu geben. Sie müssten erklären, dass die Erde in Wirklichkeit rund ist und man deshalb nicht von ihr herunterfallen kann. Das würde natürlich dem gesunden Menschenverstand des Fragenden widersprechen, der auf den Horizont zeigen und behaupten könnte, er sähe doch deutlich, wo die Erde zu Ende sei. Würden wir den Fragenden auffordern, sich die Perspektive eines Astronauten vorzustellen, so würde er das wahrscheinlich als eine begriffliche Abstraktion verstehen und glauben, wir wollten der eigentlichen Frage, «Was geschieht, wenn man vom Rand der Welt fällt?», ausweichen.

Jetzt, wo das klargestellt ist, werde ich Ihnen sagen, was Sie von der Erleuchtung haben werden. Die Antwort ist zunächst ziemlich enttäuschend, doch werfen Sie nicht gleich die Flinte ins Korn. Lesen Sie weiter, und sehen Sie, ob Sie an einen Punkt gelangen, wo Enttäuschung in Klarheit umschlägt.

Dann also los: Die Antwort ist, dass Sie *nichts* von der Erleuchtung haben werden, weil Erleuchtung die Erkenntnis ist, dass es kein «Sie» gibt, das erleuchtet werden könnte, dass Ihr Gefühl des Getrenntseins und der Individualität eine Illusion ist. Diese Antwort wird höchstwahrscheinlich Ihrer direkten Erfahrung widersprechen. Sie haben vielleicht gelernt, dass Sie Teil eines fortlaufenden Prozesses sind, in dem der Stärkste überleben wird, und dass Sie Ihre Gene an die nächste Generation weitergeben oder beim Versuch, dies zu tun, sterben müssen. Sie mögen zudem glauben, die Kunst des Lebens bestünde darin, sich selbst und die eigenen Lebensumstände zu verbessern. Wenn Sie arm und hungrig sind, dann mag es Ihnen bereits genügen, ein Dach über dem Kopf und eine Mahlzeit am Tag zu bekommen. Haben Sie das Glück, in Verhältnissen zu leben, in denen für Ihre Grundbedürfnisse gesorgt ist, dann werden Sie Ihre Erfüllung wahrscheinlich eher in Beziehungen suchen, im Ansammeln von Gütern oder im sozialen Status.

Sollte Ihnen das nicht genügen, dann werden Sie vielleicht zu dem, was man einen Suchenden nennt. Ein Suchender ist jemand, der das Gefühl hat, dass die so genannte materielle Welt keine wahre und dauerhafte Befriedigung zu bieten habe und man eine innere Dimension erkunden müsse, um Frieden, Erleuchtung und SELBST-Verwirklichung zu finden.[*2]

Als Suchender versuchen Sie es vielleicht mit Psychotherapie, Rebirthing, dem Kontakt mit Ihrem Inneren Kind, Therapie durch Regression in frühere Leben, Yoga, Transzendentaler Meditation oder einer anderen Technik, von der es heißt, sie führe zu dauernder Erfüllung und bleibendem Glück. Solche Methoden mögen in der Tat zu Resultaten führen, die Ihnen das Gefühl geben, Ihr Leben habe sich verbessert oder es sei erfüllter geworden. Doch entdecken Sie wahrscheinlich nach einiger Zeit, dass die anfängliche Begeisterung nachlässt. Ihnen wird klar, dass Erfahrungen und Bewusstseinszustände immer vorübergehend sind. Wenn sie das erkannt haben, entscheiden viele Suchende sich für den so genannten nondualen Ansatz der SELBST-Verwirklichung oder Erleuchtung.

---

* Der Autor hebt in der englischen Originalausgabe bestimmte Begriffe durch die im Englischen nicht übliche Großschreibung hervor. Da Substantive im Deutschen ohnehin großgeschrieben werden, ist diese Hervorhebung in der Übersetzung durch die Schreibung in KAPITÄLCHEN markiert. (Anm. d. Übers.)

Nondualität ist ein allgemeiner Begriff, unter dem mehrere, zumeist östliche Schulen des Denkens zusammengefasst werden, die auf die eine Quelle vor allen zeitlichen Erfahrungen und jenseits aller scheinbaren Verschiedenheit hinweisen. Wenn Sie Texte aus nondualen Traditionen wie dem Zen, dem Advaita, dem Daoismus oder dem Dzogchen lesen, werden Sie dort bestätigt finden, dass die SELBST-Verwirklichung nicht mehr verspricht, als Sie von Ihrem Glauben an ein getrenntes Selbst oder Ich zu befreien. Das ist alles. Dieses Wegfallen einer Illusion, das einfach *dies* offenbart, *wie es ist*, wird oft mit dem Satz umschrieben: «Vor der Erleuchtung Holz hacken und Wasser schleppen; nach der Erleuchtung Holz hacken und Wasser schleppen.»

Das Ich möchte gewiss nicht hören, dass es eine Illusion ist, und so mag es zwar behaupten, dies als ein Konzept zu akzeptieren, es wird sich aber hartnäckig der Erkenntnis widersetzen, dass dem wirklich so ist. Es wird behaupten, dass das Holzhacken und das Wassertragen, die «danach» kommen, irgendwie anders sind. Wenn bei der Sache für mich aber nichts zu holen ist, warum sollte ich mich dann überhaupt damit abgeben? «Gib mir ein bisschen Motivation», verlangt das Ego. «Sag mir, warum es sich lohnt, dieser Angelegenheit nachzugehen.»

Da wir nun einmal so konditioniert sind, bei allem, was wir tun, auf ein Ergebnis in der Zukunft zu hoffen, erscheint uns diese Art zu denken ganz natürlich. Die Logik dieses Denkens diktiert, dass wir mehr von der Sache haben sollten, als nur zu hören, dass wir nicht existieren. Aus dieser Perspektive gesehen, kommt es sogar noch schlimmer. Die Erleuchtung zeigt nicht nur, dass Ihre separate Identität eine Illusion ist, sie macht auch deutlich, dass im Herzen dieser ganzen Schöpfung schiere Absichtslosigkeit herrscht. Dies erscheint dem auf ein Ziel und auf die Zukunft hin orientierten Geist absurd. Trotzdem werde ich unmissverständlich behaupten, dass der ganze Zweck dieser Manifestation *nichts anderes* ist als diese Manifestation selbst.

Dies zu erkennen, ist längst nicht so freudlos, wie unser Geist sich das vorstellt. Es stimmt schon, dass dies dem Ego gar nichts bringt, denn es geht hier um Freiheit *vom* Ich und nicht um Freiheit *für* das Ich. Und das letzte Verständnis ist nicht das Resultat einer Suche, sondern bringt das Freisein vom Suchen mit sich. Es geht nicht um die Erfüllung von Erwartungen, sondern darum, von den Erwartungen frei zu sein. Auf uns warten keine zukünftigen Belohnungen. Diese Klarheit erweist sich an sich als ihre eigene Belohnung. So rief denn der Zen-Meister Hakuin Zenji aus:

Dieses Land an sich ist das reine Lotosland,
Dieser Leib an sich ist der Leib des Buddha!

Nichts ändert sich, aber alles wird aus seiner begrifflichen Gussform entlassen und von der Person befreit, die das Leben in diese Gussform pressen möchte. Die Frische des Lebens wird erkannt; seine Präsenz wird gewürdigt; seine Einheit wird gesehen – jedoch von niemandem. Da ist einfach nur Erkennen, Würdigen, Sehen.

17

Alles, was dieser Text tun wird, ist, Sie an Ihre wahre Identität zu erinnern. Es geht hier nicht um Methoden der Selbstverbesserung. Hier finden Sie auch kein System, wie Sie in sieben Schritten entspannter, liebevoller oder zufriedener werden können. Wenn es das ist, was Sie suchen, dann gibt es genügend andere Bücher und Menschen, die Ihnen so etwas liefern.

Wenn Sie die Wahrheit wollen, dann müssen Sie über die Vorstellungen eines Ich und von Selbstverbesserung hinaussehen, auch über Bewusstseinszustände hinaus, die Sie erlangen möchten. Dieses Buch wird den Glauben, dass Sie ein abgetrenntes Wesen sind, untersuchen, und es wird versuchen, diesen Glauben zum Platzen zu bringen. Es will auf den quellgrundlosen Quellgrund hinweisen, aus dem alles entspringt, und fordert Sie auf, sich daran zu erinnern, dass Sie dieser Quellgrund sind. Sobald dies erkannt ist und klar ist, was Sie wirklich sind, werden Sie sehen, dass alles genau so ist, wie es sein sollte. Es wird nicht auf magische Weise in Ordnung kommen. Es *ist* bereits in Ordnung, und das war es immer schon.

Es geht also nicht um ein allmähliches Fortschreiten in Richtung eines Ziels in der Zukunft, sondern um ein radikales Erwachen zu dem, was ist. Damit dies klar werden kann, müssen keine Bedingungen erfüllt werden. Selbst-Verwirklichung kann sich jederzeit für jedermann ereignen. Es kann durchaus zappelige, respektlose, reizbare Charaktere geben, die sich dessen, was sie wirklich sind, gewiss sind, und es kann entspannte, freundliche und glückliche Menschen geben, die noch nie an die so genannte Erleuchtung gedacht haben. Ruhe, Freundlichkeit und Glück mögen als ein Ergebnis des Erwachens Teil Ihrer täglichen Erfahrung werden oder nicht, aber gleichzeitig wird sich deutlich zeigen, dass es bei dieser Klarheit nicht darum geht, ständig bester Laune zu sein. Man braucht auch nichts zu tun, um darauf «vorbereitet» zu sein. Es wird von selbst geschehen und offenkundig machen, dass WACHHEIT ganz gegenwärtig ist und schon immer war. Sie wird aufleuchten, wenn sie aufleuchtet, und sie wird die Aufmerksamkeit vom Inhalt des Gewahrseins zum REINEN GEWAHRSEIN selbst verschieben. Dieses REINE GEWAHRSEIN ist das, was Sie wirklich sind. Wenn Sie denken, Sie wären es nicht, dann ist dieser Gedanke Teil des zeitlichen Inhalts des GEWAHRSEINS und hat keinerlei Auswirkung auf das GEWAHRSEIN selbst. Lassen Sie sich einfach sein. Geben Sie sich die Erlaubnis, fröhlich, traurig, genervt oder total verrückt zu sein. Beobachten Sie den Prozess, und verstricken Sie sich nicht in seinen Inhalt. Kennen Sie sich selbst als das grenzenlosen Feld REINEN GEWAHRSEINS, in dem sich das Drama des Lebens einfach nur manifestiert.

Was mich angeht, hat dieses Verständnis das Ende meiner Suche markiert und mich von der Bürde befreit, ständig mein Leben kontrollieren und verbessern zu wollen. Es hat mich nicht frei gemacht, sondern hat mir gezeigt, dass ich die Freiheit selbst bin. Es hat mir nicht etwas geschenkt, sondern hat das «Mir» genommen. Was ich wirklich bin, ist das, was ich immer war: REINES GEWAHRSEIN. Das gilt genauso für Sie, für die Katze, das Buch und alles andere. Für den Geist scheint es getrennte Objekte zu geben, aber in Wirklichkeit strahlt alles aus derselben Essenz aus. Ob man dies sieht oder nicht, macht keinen Unterschied. Alles ist einfach, wie es ist – und das ist sehr viel weniger und unendlich viel mehr, als ich mir jemals habe träumen lassen.

Wer ist der Autor?

Einige Menschen aus meiner Umgebung haben mich mit sanftem, aber hartnäckigem Nachdruck dazu aufgefordert, einige Details meiner persönlichen Geschichte in dieses Buch aufzunehmen. Mir widerstrebte das, weil die Bestärkung einer persönlichen Geschichte – wie später noch deutlich werden wird – dem zuwiderläuft, wofür dieses Buch steht. Außerdem hatte ich in dem Kapitel «Geblendet vom Licht» bereits «mein Erwachen» beschrieben. Meine Herzdame betonte jedoch, dieser Bericht diene dort nur der Illustration der Aussagen jenes Kapitels und stelle nicht den Menschen dar, der zu sein ich einst geglaubt hatte.

Von dort, wo ich jetzt sitze, kann ich einige Linien in Zeit und Raum zurückverfolgen, die zu einer Anzahl verschiedener «Geschichten» dieses scheinbaren Individuums führen. Alle sind sie gleichermaßen wahr und unwahr; alle sind sie subjektiv und unvollständig. Da ich nun schon einmal angefangen habe, will ich versuchen, Ihnen einige Hintergrundinformationen zu geben, die in Hinsicht auf meine Rolle als Autor dieses Textes relevant sind, auch wenn jeder Anspruch meinerseits, tatsächlich der Autor zu sein, dem widerspricht, was dieses Buch aussagt. Bitte behalten Sie dieses Paradoxon im Gedächtnis, wenn Sie nun die lineare Beschreibung der nichtlinearen Ereignisse lesen, die dieses Menschenwesen erfahren hat.

Zuerst jedoch möchte ich einige Zeilen jenes irischen Gelehrten und Philosophen mit Ihnen teilen, der sein Werk unter dem Pseudonym Wei Wu Wei (1895–1986) veröffentlicht hat, auch wenn er gewiss nie behauptet hätte, «er» sei es, der diese Bücher geschrieben habe:

Thomas, Richard und Harald glauben, die Bücher geschrieben zu haben, als deren Urheber sie zeichnen (oder die Bilder gemalt, die Musik komponiert, die Kirchen gebaut zu haben). Aber sie übertreiben. Es war der Stift, der es getan hat, oder irgendein anderes Werkzeug. Sie führten den Stift? Ja, aber die Hand, die den Stift führte, war ebenfalls ein Werkzeug, genauso wie das Gehirn, das die Hand lenkte. Sie waren Mittler, Instrumente, einfach der Apparat. Selbst der beste Apparat braucht keinen Personennamen wie Thomas, Richard oder Harald.

Wenn schon die namenlosen Erbauer des Taj Mahal, der Kathedralen von Chartres und Reims und von hundert anderen Symphonien in Form einer Kathedrale das gewusst und den Irrtum vermieden haben, ihrem eigenen Ego die Werke zuzuschreiben, zu deren Schöpfung sie als Instrument dienten, sollte dann nicht auch jemand, der flüchtige metaphysische Notizen aufs Papier wirft, darum wissen?[3]

Was mich angeht, so wurde ich 1948 als Sohn eines armen Ehepaars in Amsterdam geboren. Von Kindesbeinen an wurde ich mit dem Gedanken vertraut gemacht, dass dem Leben eine spirituelle Dimension eigen ist; allerdings mache ich heute keinen Unterschied mehr zwischen spirituell und nichtspirituell. Geistheiler und Medien gehörten zum Bekanntenkreis meiner Eltern. Ich erlebte Handauflegen, Orakelbefragungen und spiritistische Séancen, in denen versucht wurde, mit der «anderen Welt» Kontakt aufzunehmen.

Einige meiner frühesten Erinnerungen an «spirituelle» Erfahrungen gehen in eine Zeit zurück, da ich jung genug war, um noch bei Tageslicht ins Bett gesteckt zu werden. Die Vorhänge wurden geschlossen, und ein Muster silberner Rosen, das auf einen backsteinfarbenen Hintergrund gedruckt war, filterte das durch die Vorhänge fallende Licht so, dass an der Wand die Illusion tanzender Wesen erzeugt wurde. Manchmal lag ich wach und dachte darüber nach, dass zwischen mir und der Zimmerdecke nichts war. Dann versuchte ich mir vorzustellen, wie es sein würde, wenn keine Decke da wäre und ich in ununterbrochenes Nichts hinausschauen könnte. Ich entdeckte bald, dass dieses kleine Spiel mich in einen besonderen Zustand versetzte. Eine zugleich befremdliche und angenehme Empfindung überkam mich immer dann, wenn mein Geist sich mehr und mehr verlor in die Unmöglichkeit, sich «Nichts» vorzustellen. Wenn wir an einem sonnigen Tag in den Park gingen, versuchte ich, zu diesem «nichts» zu gelangen, indem ich mich auf den Rücken legte und in den Himmel starrte. Aber immer geriet irgendetwas – ein Vogel, eine Wolke, ein Grashalm – in mein Blickfeld. Auch die Augen zu schließen half nicht, denn dann schienen fließende Muster auf meiner Netzhaut zu tanzen, und irgendwann musste ich das Spiel aufgeben.

Als ich acht Jahre alt war, ließen meine Eltern sich scheiden, und ich blieb mit meinen beiden jüngeren Brüdern bei meiner Mutter. Zu jener Zeit galt es in Holland noch nicht als anständig, wenn eine Mutter keinen Ehemann hatte. Manche Menschen versuchten uns zu helfen, doch viele andere – Nachbarn, Lehrer und Beamte im Sozialamt – gaben uns das Gefühl, schlecht zu sein. Drei Knaben aufzuziehen war nicht leicht für meine Mutter. Sie tat ihr Bestes, während mein Vater sich dagegen sträubte, etwas beizusteuern.

Irgendwann konvertierten wir zum Katholizismus. Dabei ging es uns nicht nur um den Trost der Religion, sondern auch um die Unterstützung der Kirche. Das war meine erste Begegnung mit organisierter Religion, und ich sah sie mir recht kritisch an. Ich hasste es, zur Kirche zu gehen, aber der Religionsunterricht, den ich in meiner neuen katholischen Schule erhielt, interessierte mich. Es schien einen unerschöpflichen Vorrat an faszinierenden Geschichten aus der Bibel zu geben, aber mir fiel bald auf, dass meine bohrenden Fragen nicht immer willkommen waren. Wen haben die Kinder von Adam und Eva geheiratet? Wenn Gott gut ist, warum gibt es dann so viel Unrecht auf der Welt? Wie konnte ein Gott der Liebe ganze Städte zerstören, nur weil der größte Teil ihrer Einwohner nicht nach seinen Geboten lebte? Und warum schickte er Menschen in die Hölle, um sie dort auf ewig schmoren zu lassen? Manchmal sagte man mir, gewisse Geschichten der Bibel seien symbolisch, dann wieder wurde darauf bestanden, die Bibel sei wörtlich zu nehmen.

Ein anderes Rätsel war, dass das Essen von Fisch am Freitag als Fasten galt, während es doch offensichtlich ein Festmahl war. Das Freitagsmahl, das zusammen mit Weißwein serviert wurde, war für die Priester unserer Gemeinde der Höhepunkt der Woche.

Man lehrte uns, vor Gott seien alle Menschen gleich, aber für die reichen Leute gab es ganz vorn in der Kirche reservierte Bänke mit weichen Kniekissen. Das war alles ziemlich verwirrend, und mir wurde klar, dass es mehr Fragen als Antworten gab. Ich nehme an, es war die Tatsache, dass ich später als die anderen Kinder in meiner Schule dazu kam, mit dem Glauben Bekanntschaft zu machen, die es mir erschwerte, einfach anzunehmen, was mir erzählt wurde. So wurde ich zu einem Suchenden, der spiritueller Autorität misstraute.

Aber trotzdem glaubte ich noch, dass es mehr im Leben geben müsse als das Offensichtliche. Ich glaubte an Gott, vermochte jedoch nicht zu akzeptieren, was man mir über ihn erzählte. Im Alter von zwölf Jahren fiel mir eine Anzeige für einen Fernkurs in Râja-Yoga in die Hände. Ich überredete meine Mutter, den Kurs zu abonnieren, und wir erhielten regelmäßig Lektionen mit der Post. Der Lehrer war ein Professor für Orientalistik. Obwohl es in seinen Unterweisungen vieles gab, das mein Verständnis überstieg, ließ irgendetwas mich weitermachen. Ich fand dort Aussagen und Ideen über Gott, das Selbst und das Leben als Ganzes, die mir realer erschienen als das, was ich in der Schule darüber hörte.

Als ich etwas älter war, stand ich vor der Wahl, entweder weiter zur Schule zu gehen oder eine Arbeit anzunehmen. Beide Optionen erschienen mir nicht sonderlich reizvoll. Ich wollte zeichnen oder malen oder ein abenteuerliches Leben führen, in dem ich reisen und die Welt erkunden konnte. Ich war sechzehn und hatte gelernt, Haschisch zu rauchen. Ich war noch minderjährig, und die Behörden, die ein wachsames Auge auf die Kinder geschiedener Eltern hatten, entschieden, dass ich in einem staatlichen Heim für schwer erziehbare Kinder besser aufgehoben wäre. Ich bin sicher, diese Leute meinten es gut mit mir, aber zu jener Zeit konnte ich ihre Sicht nicht teilen.

Im Heim kam ich mit Jugendlichen in Berührung, die aus schwerwiegenderen Gründen dort waren, Autodiebstahl, Raub und Vergewaltigung. Man sagte mir, bei mir sei es eine vorbeugende Maßnahme, während es bei den meisten anderen eine Bestrafung war. Ich fand das einfach nicht fair und floh aus dem Heim zusammen mit einem der «bestraften» Jungs, der in seinen jungen Jahren schon ein erfahrener Überlebenskünstler war. Er wusste, wie man einen Safe knackt, und ich war ein eifriger Schüler.

Ich lebte jetzt auf der Straße. Ich trampte durch Europa und lernte harte Drogen und die Nadel kennen. Schließlich überwand ich meine Sucht mit Hilfe von Psychedelika, vor allem von LSD, und fand zu einem stabileren Zustand zurück.

Ich wurde zu einem makrobiotischen Hippie, heiratete und bekam meine erste Tochter, Lila. Ich hatte zum Lesen und Meditieren zurückgefunden und gab mich wieder meinem Interesse an allem Mystischen hin. Wie viele andere meiner Generation reiste ich auf dem Landweg nach Indien. Unterwegs lernte ich neue Kulturen kennen, konnte lesen, Partys feiern und Yoga üben, auch wenn ich sagen muss, dass die spirituelle Praxis mir nicht wirklich etwas brachte. Ich hatte keinen speziellen Lehrer. Die Bücher von Alan Watts waren mir Leitfaden und Inspiration, aber eigentlich war das Leben mein wahrer Lehrer. Irgendwie zeigte sich alles, was für die Entfaltung meiner Suche nötig war, von selbst, auch wenn ich das damals oft nicht erkannte.

Wenn ich zurückschaue, kann ich sehen, dass ich in magischen Momenten gelegentlich einen Blick auf diese lebendige Präsenz erhaschte, die offen als alle Dinge erscheint und die zugleich in allen Dingen verborgen ist. Dies ist der Grund, warum etliche Autoren, darunter Tony Parsons und Wei Wu Wei, von einem «offenen Geheimnis» sprechen.

Auf dieser Reise machte ich so genannte mystische oder Gipfelerfahrungen. Aber am Ende ist alles, was ich darüber sagen kann, dass ich Lust und Schmerz, Gewinn und Verlust, Zeiten der Armut und Zeiten des Reichtums, Partys und Gefängnisse, Krankenhäuser und Gesundheit erfuhr. Es gab Momente der Verzweiflung an weißen Sandstränden und Augenblicke großer Freiheit in muffigen Zellen mit Gittern vor dem Fenster.

In all diesem und durch all dieses hindurch ging meine Suche weiter. Doch rückblickend kann ich von nichts auf dieser Reise behaupten, dass es an sich eine Funktion oder eine Bedeutung hatte, die zum Erwachen führte – wenn wir nicht einbeziehen, dass ich als Konsequenz dieser Suche das Suchen schließlich aufgab. Die Suche bestand darin, Informationen und Erfahrungen zu sammeln, während sich das Erwachen andauernd im Fallenlassen von Vorstellungen und Erwartungen offenbarte und offenbart. Dieses Fallenlassen geschah von selbst und nicht als ein Akt persönlichen Willens. In diesem Vorgang wurde auch die Geschichte dieses vermeintlichen Individuums fallen gelassen, und selbst während ich sie erzähle, ist da niemand, der entweder den Gewinn der Erleuchtung oder die Urheberschaft dieses Textes für sich beanspruchen kann. Vielleicht ist Ihnen klar, was dieses Dementi bedeutet. Wenn nicht, dann wird es Ihnen vielleicht klar, während Sie dieses Buch lesen.

Am Flussufer

Auch Sie befinden sich bereits am anderen Ufer. Erleuchtung oder SELBST-Verwirklichung sind nicht nur für einige Auserwählteda. Dieses Buch behauptet, dass Erleuchtung hier und jetzt Ihre wahre Natur ist. Auch wenn es sich empfiehlt, dieses Buch von vorn an zu lesen, ist es kein lineares Handbuch zum Thema «Wie man Erleuchtung erlangt», und das kann es auch nicht sein. Es geht hier auch nicht um Selbstverbesserung oder um das Sammeln von Wissen. Es geht vielmehr um das Paradox, dass wir uns an etwas erinnern müssen, das niemals wirklich vergessen war. Es geht um das, wer oder was Sie wirklich sind, nicht um etwas, das Sie sein oder werden sollten. Sie könnten sich das Buch als einen Webstuhl vorstellen, auf dem Wörter zu Ideen verwoben werden, die auf *das* hinweisen, was jenseits des Bereichs begrifflichen Denkens aufleuchtet.

Alles, was dieses Buch auf unterschiedliche Weise immer wieder sagt, ist: «Dies ist *es*; Sie sind *es*», und das ist auch schon alles. Wenn es Ihnen reicht, das nur einmal zu lesen – prima. Doch wenn Sie ein Suchender sind oder einfach dieses Thema lieben, können Sie den Text benutzen, um diese Botschaft zu erkunden, und zwar anhand von Ideen und Konzepten wie Erleuchtung, das Ego, der Verstand, der Körper, der Tod, die spirituelle Praxis, die Position des Lehrers und Ihre Identität als Suchender. Dieses Buch spricht darüber, wie überraschend es ist, das Geheimnis unserer kollektiven und wahren Identität *wieder*-zuentdecken und sich der Schatztruhe im eigenen Inneren *wieder*-zuerinnern. Dieses Buch beabsichtigt nicht, irgendjemanden zu bekehren oder alte Überzeugungen und Vorstellungen durch neue abzulösen. Und es geht auch nicht um etwas, das ich hätte oder wüsste und Sie nicht. Es spricht von dem REINEN GEWAHRSEIN, das letzten Endes alles ist, was ist. Wenn das wahr ist, dann sind Sie, ob Sie es nun wissen oder nicht, ob Sie nach Erleuchtung suchen oder nicht, nichts anderes als *es*.

Dieses Buch kann als kleiner Anstoß dienen, der, wenn er im rechten Moment gegeben wird, auf dieselbe Weise ein Erwachen auslösen kann, wie ein Schneeball eine Lawine auslösen kann. Die folgende Geschichte über den Meister der Druckmaschinenmechaniker illustriert diesen Punkt sehr schön:

Ein Verlag besaß eine große Druckerpresse, deren Funktionieren für das Geschäft wesentlich war. Nachdem die Maschine viele Jahre lang treu gedient hatte, wollte sie eines Morgens nicht mehr laufen. Die Techniker des Unternehmens versuchten vergeblich, sie wiederzubeleben. Schließlich gaben sie es auf und riefen einen Experten, der am anderen Ende des Landes lebte. Dieser kam am nächsten Tag an, da es aber zu spät war, um mit der Arbeit zu beginnen, übernachtete er in einem Hotel.

Am nächsten Morgen ging er mit seinem Werkzeugkasten in den Verlag, und man zeigte ihm die stillstehende Maschine. Er ging um sie herum, machte einige Tests und befand, dass sie nicht kaputt sei. Es sei nur so, dass die Maschine aufgrund der Vibration während vieler Jahre des Dienstes nicht mehr waagerecht stehe, was verhindere, dass sie anspringe. Der Mechaniker machte einige Messungen, nahm einen Keil aus seinem Werkzeugkasten und entschied sich für den exakten Punkt, an dem er ihn zwischen Maschine und Boden platzieren wollte. Er trieb ihn dort mit einigen nicht zu heftigen Hammerschlägen ein, legte den Schalter um, und augenblicklich erwachte die Maschine zu neuem Leben. Der Verlag war über das schnelle Ergebnis hocherfreut, fand aber die Rechnung von $ 2.700.- viel zu hoch. Als der Meistermechaniker gebeten wurde, den Preis zu erklären, differenzierte er seine Rechnung folgendermaßen:

$ 450.- für das Flugticket.

$ 150.- für Essen und Übernachtung.

$ 90.- Stundenlohn.

$ 10.- für den Keil zur Justierung der Maschine.

Und schließlich $ 2.000.- dafür, dass er wusste, wie und wo der Keil anzuwenden war.

Dieses Buch kann ein solcher Keil sein. Es muss nichts repariert werden. Sie sind so, wie Sie sind, bereits ganz. Die (Wieder)Belebung dieses Verständnisses hängt einfach davon ab, ob dies der rechte Moment für Sie ist, um «ins Lot» zu kommen, oder nicht. Im Osten heißt es, dass an diesem Punkt des Reifungsprozesses der Guru auftaucht. Das muss nicht unbedingt heißen, dass eines schönen Morgens Ihre Türglocke klingelt, ein Weiser draußen steht und sagt: «Guten Morgen, werter Wahrheitssuchender. Mir ist zu Ohren gekommen, dass Sie den Punkt erreicht haben, wo Sie bereit sind, d i e A n t w o r t zu erhalten, und ich bin hier, um sie zu überbringen.»

Es bedeutet vielmehr, dass die Einladung, zu sehen, was Sie wirklich sind, immer schon genau hier ist. Was die östlichen Traditionen den *Guru* nennen, ist das, was die Einladung ausspricht. Der Guru (auf Englisch buchstabiert G-U-R-U, gesprochen «Gee, you are you!») kann *als* eine Person erscheinen, aber er ist keine Person. Der Guru ist vielmehr eine Manifestation der belebenden Energie, die in allem und als alles erscheint. Er ist das Leben selbst.

Es ist das innere Gewahrsein, wodurch er seine Existenz unablässig offenbart. Dieses göttliche Upadesha (Unterweisung) findet immer auf natürliche Weise in jedermann statt.[4]
SHRÎ RAMANA MAHARSHI

Solange wir durch die verzerrende Brille unserer persönlichen Bedürfnisse und Meinungen schauen, übersehen wir diese ständig gegenwärtige Einladung. Die Daten, die wir aus der Gesamtmenge unserer Sinneseindrücke auswählen, werden vor allem unter dem Gesichtspunkt herausgefiltert, ob sie für unser Überleben und in Hinsicht auf unsere unmittelbaren Bedürfnisse und Wünsche von Bedeutung sind. Wir suchen unter anderem nach Nahrung, Sexualpartnern, sozialem Status und Sicherheit. Daher ordnen wir unseren sensorischen Input in zwei grundlegende Kategorien ein: brauchbare Daten und unbrauchbare Daten. Die brauchbaren Daten werden zum *Haupt*quartier durchgelassen, während der allergrößte Teil der Signale ignoriert wird. Diese Art des Umgangs mit unserer Information mag eine äußerst effektive Überlebensstrategie sein, aber der Preis, den wir dafür zahlen, ist eine beschränkte Sensibilität und Wahrnehmung.

Wir gebrauchen dieses System der Datenverarbeitung nicht nur zur Erfüllung konkreter und grundlegender materieller Bedürfnisse, sondern auch zur Befriedigung abstrakterer Wünsche des Egos wie der Bestätigung unserer Meinungen und Überzeugungen. Wir durchkämmen den ununterbrochenen Strom von Information ständig nach allem, was unseren Bedürfnissen dient und was uns bestätigt, was wir für wahr halten. Diese selektive Wahrnehmung operiert auf allen Ebenen, vom Offensichtlichen bis hin zum weniger Offensichtlichen. Sie haben zum Beispiel gerade einen VW-Käfer gekauft, und plötzlich sehen Sie überall Volkswagen. Wenn Sie in jemanden verliebt sind, könnten Sie blind sein für seine Schwächen. Wenn Sie Vorurteile gegen eine ethnische Gruppe haben, dann werden Sie positive Handlungen und Eigenschaften jener Menschen übersehen oder abtun und sich das herauspicken, was Ihre Meinung bestätigt. Natürlich waren die VW-Käfer immer da; Ihr Geliebter ist ebenso vollkommen und hat ebenso viele Schwächen wie jeder andere Mensch; und in allen Rassen findet man einige Menschen, die gütig, und andere, die grausam sind, einige sind weise, andere töricht. Was Sie sehen, wird zum großen Teil von Ihrer «inneren Auswahlkommission» bestimmt, so wie es bei den Reisenden in der folgenden Sufi-Geschichte der Fall war:

Ein Reisender, der in ein fremdes Land kam, sah dort einen alten Mann unter einem Baum sitzen. Er ging zu ihm hin und befragte ihn über die Menschen in diesem Land. Der alte Mann fragte zurück: «Wie sind die Menschen denn in Ihrem Land?»

«Oh», sagte der Reisende, «sie sind freundlich, gastfreundlich und heiter.» «Nun», sagte der Alte daraufhin, «Sie werden die Menschen in meinem Land ebenso finden.»

Einige Tage später kam ein anderer Reisender mit demselben Anliegen zu dem Alten unter dem Baum. Wieder fragte dieser zuerst zurück, wie denn die Menschen im Land des Reisenden seien.

«Sie sind ständig in Eile, sie haben wenig Zeit füreinander, und alles, was sie im Leben wirklich kümmert, ist, wie viel Geld sie verdienen können.»

*Der alte Mann zuckte mit den Schultern und sagte:
«Sie werden die Menschen in meinem Land ebenso
finden.»*

Wenn es an einem gewissen Punkt zu einem spontanen Aufgeben jener persönlichen Bedürfnisse, Vorlieben, Wünsche, Meinungen und Überzeugungen kommt, die als ein «Wirklichkeitsfilter» dienen, dann mag die Erkenntnis Ihrer wahren Identität spontan auftreten. Sobald dies geschieht, gibt es keine Fragen mehr. Sie sehen, dass einfach alles die Antwort ist – dass der Guru total gegenwärtig ist und es immer schon war. Der Guru manifestiert sich als die Person, die innere Stimme oder das Ereignis, das dieses Aufgeben auslöst. Wie auch immer diese Einladung ausgesprochen wird, fungiert sie als Guru. Es mag das Schweigen eines Weisen oder der Redeschwall eines Ladenbesitzers sein. Es kann durch tiefes Leid oder ekstatische Freude zu diesem Fallenlassen kommen. Es kann geschehen, wenn Ihnen ein Apfel auf den Kopf fällt, wenn Sie ein Kind lächeln sehen. Oder es kann tief aus Ihrem Inneren auftauchen, wenn Sie im Sonnenuntergang einen Strand entlanggehen oder wenn Sie sich die Finger an einem Ofen verbrennen. Ihr Gefühl der Getrenntheit kann sich jederzeit auflösen, so dass das Eine jenseits aller Dualität offenbar wird. So schrieb ein Zen-Meister über das Erwachen zur wahren Natur:

*Als ich die Tempelglocke läuten hörte,
Gab es plötzlich keine Glocke und kein Ich,
Nur Klang.*[5]

Schließlich, und das ist ganz wichtig, gibt es hier keine Antworten außer jenen, die Sie sich selbst zu geben bereit sind. Wenn dieses Buch in dem Sinne ein Echo in Ihnen findet, dass es zu Einsicht führt, dann ist dies eine Gnade und nicht den Fähigkeiten des Autors oder des Lesers zu verdanken. In der Tat wird dieses Buch, wie bereits angemerkt, versuchen zu zeigen, dass es weder einen Leser noch einen Autor gibt. Diese Worte sind nichts anderes als eine sanfte Erinnerung von Ihnen selbst an Sie selbst, eine Erinnerung daran, dass Sie der Erwachte sind.

Alles, was Sie hier lesen,
ist nicht die Wahrheit

Das *Daodejing* beginnt mit der Aussage: «Das Dao, das sich aussprechen lässt, ist nicht das wahre Dao.» Also sollte man annehmen, dass Laozi an diesem Punkt den Mund gehalten und seinen Pinsel und das Reispapier weggeworfen hätte. Aber nein, er fuhr fort, das Dao, von dem man nicht sprechen kann, in einundachtzig Kapiteln darzulegen.

Es gibt ein Sprichwort aus der Bibel, das dies erklären könnte: «Wes das Herz voll ist, des geht der Mund über.» (Matth. 12.34) Denken Sie an einen Verliebten, der nicht aufhören kann, von seiner Geliebten zu reden. Er beabsichtigt damit nicht etwa, seine Freunde dazu zu bringen, hinzugehen und ihr den Hof zu machen; er bringt es einfach nicht fertig, *nicht* von ihr zu sprechen. Er mag ihr sogar lange Liebesbriefe schreiben, in denen er sagt, dass er keine Worte für die Liebe in seinem Herzen findet. Wenn die betreffende Frau seine Gefühle teilt, dann versteht sie, was er meint, ungeachtet seiner eingestandenen Unfähigkeit, ihr seine Gefühle genau darzustellen.

In einem ähnlichen Sinne ist auch dies ein Text über etwas, das sich nicht in Worte fassen lässt. Aber das muss nicht heißen, dass Sie die Botschaft nicht verstehen. Es ist keine Botschaft, die Sie bekehren soll, sondern einfach das, von dem mein Herz voll ist – und wie die meisten Verliebten liebe ich es, das mit anderen zu teilen. Es käme der Wahrheit allerdings näher, wenn ich sagte, dass es *das* ist, was sich *selbst* mitteilt, wobei *das* genau das ist, was wir alle gemeinsam haben, das leuchtende, seiner selbst gewahre Zentrum unseres kollektiven Seins.

Nun kommen wir zu der Warnung in der Überschrift: Ihnen sei geraten, sehr sorgfältig zu lesen, bevor Sie irgendeines der Konzepte in diesem Buch einfach schlucken. Sie enthalten ebenso wenig die Wahrheit, wie die Vorstellung von Wasser Ihren Durst zu löschen vermag. Außerdem könnte dieser Text gefährlich sein für Ihr Ego, Ihre Überzeugungen und die Werte, die Sie derzeit hochhalten. Wenn Sie in Ihren Ansichten extrem unbeweglich sind, wird zu besonderer Vorsicht geraten, denn die Lektüre dieses Buches kann zu unangenehmen Verbiegungen, Streckungen, ja sogar zur Vernichtung Ihres Modells der Realität führen. Natürlich müssen Sie auch diese Warnung *cum grano salis* nehmen, denn sie ist ebenfalls eines der Konzepte, vor denen sie warnt.

Im gesamten Text werde ich Sie immer wieder an die begriffliche Natur des Buches erinnern und an die Tatsache, dass das hier Geschriebene einfach nur ein Fingerzeig oder ein Wegweiser ist, der dieselbe Richtungsangabe ständig in anderem Wortlaut wiederholt. Auf den Wegweiser zu klettern, wird Sie nicht an Ihr Ziel bringen. Es ist wie mit dem Zen, das sich selbst beschreibt als «einen Finger, der auf den Mond weist». Wenn Sie nur auf den Finger starren, wird Ihnen das Leuchten entgehen, auf das er hinweist.

Der Mond, auf den dieser textliche Finger hinweist, ist das ultimative Subjekt, oder das, *woraus man kein Objekt machen kann*. Es ist die Quelle jenseits von Zeit und Raum, die sich allen Versuchen, sie zu benennen, entzieht und der man doch so viele Namen gegeben hat – wie etwa Gott, der letzte Grund des Seins, das Dao, dein Ursprüngliches Antlitz, oder das wahre SELBST.

Diese Quelle ist das, was Sie wirklich sind. Sie ist Ihre wahre Natur, Ihr wahres Heim, Ihr Geburtsrecht und ein Schatz, den Sie offenbar vergessen haben. Sobald Sie diesen Schatz wiederfinden oder ent-decken, wissen Sie, dass Ihr wahres SELBST unsterblich und ungeboren ist, ewig und jenseits von Zeit und Raum. Sie werden sein wie der arme Mann im Märchen, der plötzlich herausfindet, dass sein Vater tatsächlich der König ist. Dieses Erinnern wird SELBST-Verwirklichung oder Erleuchtung, Klarheit oder letztes Begreifen genannt. Es spielt keine Rolle, wie Sie es nennen. Nehmen Sie jede Bezeichnung, die Ihnen gefällt. Sie weisen alle auf dieselbe Wahrheit von dem hin, was Sie wirklich sind.

Auch wenn ich kein spezielles religiöses, wissenschaftliches oder philosophisches System propagiere, werde ich freizügig aus verschiedenen Quellen zitieren. Der kulturelle oder soziale Kontext, aus dem diese Quellen stammen, mag auf sie abgefärbt haben, aber ich finde es höchst faszinierend, dass Stimmen, die einen so unterschiedlichen Hintergrund haben wie die westliche und die östliche Philosophie, die Religionen und die Wissenschaften, die oft auch zeitlich durch viele Jahrhunderte getrennt sind, von derselben, uns ganz nahen Essenz sprechen.

Damit Sie so viel wie möglich von der Lektüre profitieren, seien Sie einfach offen und spüren Sie, ob das hier Gesagte etwas Wirkliches in Ihnen anspricht. Beobachten Sie, ob es Ihren inneren Kompass auf den wahren Norden dessen ausrichtet, was Sie tatsächlich sind.

Das letzte und unüberwindliche Problem mit Worten ist, dass sie, wie die Kompassnadel, *aus* dem Zentrum *heraus,* aber niemals *auf* das Zentrum *hin* weisen können, aus dem die Richtungsweisung kommt. Wer sowohl auf das schaut, wohin der Kompass weist, als auch auf das, woraus er weist, dem ist die Erkenntnis seiner wahren Natur direkt zugänglich. In diesem Wissen werden der Wissende und das Gewusste als untrennbar erkannt, und sie lösen sich in den ungeteilten Raum des Reinen Gewahrseins auf.

Lassen Sie sich nicht
ins Bockshorn jagen

In den vorangegangenen Kapiteln sind einige sehr ehrfurchtgebietende Wörter aufgetaucht – Begriffe wie «Gott», «ultimativ», «unsterblich» und «jenseits von Zeit und Raum». Obwohl auch diese Wörter immer noch nicht ausreichen, um das Unbeschreibliche zu beschreiben, so besteht doch auch die Gefahr, dass sie die reine Einfachheit überdecken, die der SELBST-Verwirklichung innewohnt. Erleuchtung ist nichts Schwieriges oder weit Entferntes, das nur für eine kleine Elite zu erlangen wäre. Tatsächlich lässt sie sich überhaupt nicht *erlangen*; sie offenbart sich vielmehr selbst durch das Abschütteln der Illusion, dass es ein individuelles Wesen *gibt*, welches sie erfassen könnte. Sie ist als GEWAHRSEIN bereits völlig präsent und wartet nicht darauf, irgendwann in der Zukunft verwirklicht zu werden. Sie ist kein Ereignis in Zeit und Raum. Ganz im Gegenteil: Zeit und Raum sind ein Ereignis im REINEN GEWAHRSEIN, das sich unablässig manifestiert: als du und ich und alles, was es gibt.

Es ist diese Worte, das Lesen dieser Worte und der Hintergrund, auf dem sie erscheinen. Es ist Ihr Atem, der ein- und ausströmt, das Schlagen Ihres Herzens, der Geruch von frischem Kaffee am Morgen, die Hundescheiße auf dem Bürgersteig, die Sterne, die Planeten und der grenzenlose Raum, in dem all dies auftritt. Es ist dies alles, und gleichzeitig ist es jenseits von all dem. Es ist das, was alles enthält, was alles wahrnimmt, was alles erschafft und was alles zerstört. Es ist, wie es ist, einschließlich der Idee, dass sich hier ein Verständnis einstellt, sowie der Idee eines «Ich», das es nicht versteht. So sagt ein Zen-Text:

Wenn du begreifst, sind die Dinge einfach, wie sie sind.
Wenn du nicht begreifst, sind die Dinge einfach, wie sie sind.

Sollte dies klar sein, so werfen Sie das Buch einfach weg, benutzen Sie es zum Feueranzünden oder schenken Sie es einem Freund. Wenn nicht, lassen Sie uns sehen, ob es einen Weg gibt, zum Begreifen fortzuschreiten oder, was die Überraschung sein könnte, zu der Erkenntnis, dass der Glaube an einen Pfad des Fortschreitens an sich schon ein Hindernis für das Begreifen sein kann. Könnte es sein, dass wir auf der Suche nach Licht herumlaufen, während wir eine Leuchte in der Hand halten?

Heilige, Sünder, Suchende und Weise

*Es gibt nur einen Guru, und der ist immer
gegenwärtig.
Das ganze Universum ist sein Ashram,
Du brauchst keinen Pfad, der dorthin führt.
Es ist nicht nötig zu meditieren, denn alles ist
heilig,
Nicht nötig zu finden, was nie verloren war.*

Wenn Sie in diesem Buch bis hierher gelangt sind und
immer noch weiterlesen, bestehen gute Chancen, dass
Sie das sind, was man einen Suchenden nennt. Viele
Suchende sind aufrichtig der Überzeugung, dass sie die
Wahrheit finden wollen und dass diese Wahrheit sie
frei machen wird. Tatsächlich haben sie in den meisten Fällen aber bereits für sich entschieden, was diese Wahrheit sein sollte. Zuerst einmal gibt es da häufig den Glauben, diese Wahrheit sei etwas Objektives
und Erlangbares. Hinzu kommt die Annahme, dass es
einen Pfad gibt, der zur Wahrheit, Freiheit, Erleuchtung oder SELBST-Verwirklichung führt, und dass ein
erleuchteter Meister dem Suchenden diesen Pfad zeigen kann. «Es zu erreichen» – so hofft man – ergibt
sich daraus, dass man diesem Pfad folgt.

Auf dem spirituellen Marktplatz finden wir eine
Fülle von Wegen, unter denen wir wählen können,
und der Suchende probiert gewöhnlich vieles aus, um

einen Weg zu finden, der ihm entspricht. Der christliche Mystiker Meister Eckhart, der von 1260 bis 1328 lebte, sagt über einen solchen Pfad sinngemäß[6] Folgendes:

Wer immer Gott in einem besonderen Weg sucht, der wird den Weg gewinnen und Gott verlieren, Der in dem Weg verborgen ist. Doch wer immer Gott ohne einen besonderen Weg sucht, findet Ihn, wie Er wirklich ist ... und Er ist das Leben selbst.

Auf den meisten Pfaden gibt es Einschränkungen; es geht darum, diszipliniert und auf die eine oder andere Weise gut zu sein. Wie Einschränkungen und Disziplin zur Freiheit führen sollen, ist nicht ganz klar, aber ungeachtet dessen glaubt der Suchende, dass seine Bemühungen ihm Verdienst einbringen, wenn er dem von ihm eingeschlagenen Pfad gewissenhaft folgt. Das sollte ihm einen kosmischen Bonus einbringen. Er erwartet, dass Gott – oder wie immer man das Höchste benennt – diese Bemühungen belohnt, entweder indem er sich offenbart, oder indem er dem Suchenden seine/ihre Gnade in Form eines großen «Happenings» gewährt, das die Wahrheit enthüllt. Diese Offenbarung soll die Erleuchtung sein oder zur Erleuchtung führen. Die Erleuchtung wird in diesem Szenario als äußerst erstrebenswerter Zustand angesehen. Der Suchende hofft, durch die Erleuchtung ein für alle Mal die Probleme des Lebens hinter sich zu lassen. Die Erleuchtung soll die Persönlichkeit des Suchenden transformieren und zu reinen Gedanken, rechtem Handeln, überströmender Liebe und einem Zustand ewiger Glückseligkeit führen.

Gewöhnlich sucht der Suchende nach einem Meister oder Weisen, der ihm helfen kann, diese Erfahrung zu erlangen. Der «Erleuchtete» sollte nicht nur ein Weiser sein, sondern typischerweise erwartet man von ihm auch, ein Heiliger zu sein. Die verschiedenen «Guru-Wunschlisten» der Suchenden spiegeln diese Idee wider und enthalten alle möglichen erwünschten Charaktereigenschaften wie liebevoll, vergebend, geduldig, asketisch, vegetarisch, charismatisch und so weiter. Der Weise ist vorzugsweise weißhaarig, er kommt aus dem Osten, trägt exotische Roben und besitzt eine Präsenz, die eine magische Aura ausstrahlt.

Jenen Suchenden, die dieses Buch jetzt nicht bereits empört zugeklappt haben, gestehe ich ein, dass das oben gezeichnete Bild um des Effekts willen eindimensional ist. Der ernsthaft Suchende scheint viel Gefühl, Energie und Hingabe in seine Suche zu investieren. Ich sage, «scheint zu investieren», weil sich im Augenblick des Findens zeigen wird, dass es niemals einen Suchenden gegeben hat. Das, was als der Suchende erschien, ist das, was gesucht wurde. Es ist, als würde ein Einzelner mit sich selber Versteck spielen. Der Suchende und der Findende, der Lehrer und der Schüler sind alles Erscheinungsformen des einen wahren Selbst. Wenn man seinem wahren Lehrer begegnet, kann es tatsächlich sein, dass man von Gefühlen überwältigt wird; aber in Wirklichkeit ist es das Selbst, das dem Selbst begegnet. Kommt es zu einer solchen Begegnung, so ist die Magie dieses Moments genauso im Suchenden wie im Weisen zu finden. Es ist, als würden zwei Flammen erkennen, dass sie Teile von ein und demselben Feuer sind. Die Manifestation dieser Energie als die Meister-Schüler-Beziehung ist etwas, das – wie das Sich-Verlieben – spontan geschieht und nicht dadurch, dass man irgendwelchen vorgefassten Ideen nachgeht, die man für wahr hält.

Was nicht heißt, dass Sie auf ein solches Ereignis warten müssten. Der wahre Lehrer ist das Leben selbst. Die Einladung, dies zu sehen, wird in eben diesem Augenblick ausgesprochen, und die Führung eines formellen Lehrers, so hilfreich sie für viele sein mag, ist nicht notwendig. Es gibt keine festen Regeln dafür, wie es zu einer Erleuchtung kommen sollte. Das Problem mit den vorgefassten Meinungen über diesen ach so begehrten heiligen Gral der Wahrheit und die Verpackung, in der er geliefert werden sollte, besteht darin, dass solche Vorstellungen den Suchenden daran hindern, zu sehen, dass die Befreiung, nach der er sucht, immer völlig gegenwärtig und augenblicklich zugänglich ist. Ramana Maharshi sagte:

Bemühe dich nicht darum, zu arbeiten oder zu entsagen; deine Bemühung selbst ist eine Fessel.

Statt unmittelbar zu sehen, *was ist*, fährt der Suchende fort, auf das zukünftige Ereignis der Erleuchtung zu warten, und er kann deshalb nicht zugeben, dass er bereits zu Hause ist und es immer schon war. Oft versucht der Suchende vorauszuahnen, wie es wohl wäre, ein endgültiges und totales Verständnis zu erreichen, in dem Gott und das Universum ihre Geheimnisse offenbaren. Wenn er das tut, übersieht er die Tatsache, dass sein Geist Teil des Universums ist und *in* diesem erscheint, wodurch er nicht qualifiziert ist, das Universum zu begreifen.

Wie die folgenden Zitate zeigen, verstricken sich selbst die Besten von uns in Annahmen über das Absolute:

Einstein: «Gott würfelt nicht.»
Einstein: «Gott ist nicht böswillig.»
Bohr:[7] «Einstein, hören Sie auf, Gott vorzuschreiben, was er tun soll.»

Gibt man seine Erwartungen auf zugunsten der Bereitschaft, einfach zu akzeptieren, *was ist*, so erzeugt dies vielleicht ein Vakuum, das überraschende Alternativen anziehen könnte. So könnte sich zum Beispiel herausstellen, dass sich Finden nicht aus Suchen ergibt, sondern dass Finden sich durch das Aufgeben der Suche einstellt; dass Finden nicht etwas ist, das es zu sehen gibt, sondern das Sehen selbst; dass Überzeugungen, die uns teuer sind, sich als begriffliche Hindernisse offenbaren; und dass spirituelle Praktiken sich als ein Weg erweisen, die unmittelbare Einsicht in das Wesentliche zu vermeiden. Dieses direkte Sehen entlarvt die Illusion eines getrennten Suchenden, der irgendwann in der Zukunft am «Ziel der Erleuchtung» ankommen wird. Als Konsequenz davon, werden sowohl die Suche als auch der Suchende selbst vernichtet in der Erkenntnis, dass wir bereits zu Hause *sind*.

Ich würde dem erschöpften Suchenden gern sagen: «Lass die Suche und deine Vorstellungen fallen. Hör auf, nach deinem eigenen Hintern zu suchen. Setz dich einfach hin und entspann dich.» Wenn Sie Ihre Vorstellungen fallen lassen, dann könnte Ihre Aufmerksamkeit sich verlagern – von dem fernen Horizont, auf den Sie den Blick in Erwartung eines großen und außerordentlichen Ereignisses gerichtet hielten, hin zu etwas anderem, so dass Sie das Wunder zu sehen vermögen, welches unmittelbar vor, hinter und in Ihren Augen existiert. Es könnte sein, dass Sie sich aufgrund dieses Loslassens für den unerwartetsten aller Meister öffnen und dass Sie sich vielleicht sogar in seiner Gegenwart finden.

Sie sollten sich jedoch darüber im Klaren sein, dass es im Grunde nur REINES GEWAHRSEIN gibt und es jede Vorstellung von einem Meister «da draußen» nur aus der Perspektive eines imaginären Suchenden gibt. Wahre Meister betrachten sich deshalb überhaupt nicht als Meister, sie wissen jedoch, dass Sie sich als Schüler ansehen. Sie werden Ihnen sagen, dass Sie *es* bereits sind; und wenn Sie dann sagen, «ja, aber ...», dann werden sie dieselbe Wahrheit wiederholen oder Ihnen empfehlen, sich zu entspannen oder den Boden zu kehren oder den Mund zu halten. Vielleicht werden sie auch selber den Mund halten. Was auch immer die Meister sagen, tun oder nicht tun, werden sie wahrscheinlich nicht so sein, wie Sie sie sich vorgestellt haben.

Können Sie sich einen Weisen vorstellen, der einen Tabakladen führt, selber ein Raucher ist und in einer großen Stadt am Rande eines Freudenviertels wohnt?

Nun, es gab einen solchen Meister. Dieser Ladenbesitzer, der offenbar ziemlich launisch war, kümmerte sich um seine Kinder und empfing Suchende aus aller Welt. Mit seinen Gästen kommunizierte er über Dolmetscher, obwohl er die englische Sprache zu beherrschen schien. Vielleicht hat der Leser bereits Shrî Nisargadatta Mahâraj erkannt, einen der am meisten geachteten Weisen des 20. Jahrhunderts.

Hier ein Dialog zwischen einem Suchenden und Shrî Nisargadatta Mahâraj:

Suchender: *«Ich habe gehört, dass ein Verwirklichter nie etwas Unziemliches tut, dass er sich vielmehr auf beispielhafte Weise verhält.»*
Shrî Nisargadatta Mahâraj: *«Wer setzt das Beispiel? Warum sollte ein Befreiter sich unbedingt an Konventionen halten? In dem Augenblick, in dem man vorhersagbar wird, kann man nicht mehr frei sein.»*[8]

Und wie ist es mit Nisargadattas Schüler Ramesh Balsekar? Balsekar ist ein geduldiger Familienvater, der Suchende aus aller Welt empfängt, nicht in einem Ashram, sondern in seinem Heim in Mumbai. Ramesh Balsekar ist ein pensionierter Bankangestellter und erwachter Lehrer/Autor zum Thema des Advaita oder der Nichtdualität. Über seine Lehre sagte er einmal:

Wenn Sie hier etwas gehört haben, gut. Wenn nicht, auch gut. Wenn es als Konsequenz davon zu einem Wandel kommt, so lassen Sie diesen Wandel stattfinden. Wenn das Verständnis auf irgendeiner Ebene überhaupt einen Wert hat, muss es sich ganz natürlich von selbst auswirken. Niemand kann das machen.[9]

Ein anderer Lehrer, den ich erwähnen möchte, ist Tony Parsons aus England. Er ist ein zugänglicher, (außer)gewöhnlicher und freundlicher Mensch, dem mehr daran liegt, diese/seine Präsenz mit anderen zu teilen, als von oben herab zu lehren. Während ich dies schreibe, habe ich ihn noch im Ohr, wie er sagt: «Niemand ist hier, um etwas zu teilen. Da ist nur Gegenwart. Dies ist es. Dies ist der Geliebte.» Tony Parsons fegt jeglichen Glauben beiseite, dass es so etwas wie ein künftiges Ereignis der Erleuchtung gibt, nach dem man streben sollte. Stattdessen lädt er den Suchenden ein zu sehen, *was ist.* In seinem Buch *As It Is* («Wie es ist») sagt er:

Dies ist es, und das ist auch schon alles. Gib die Suche nach etwas, das geschehen soll, auf und verliebe dich, verliebe dich inniglich in das Geschenk der Präsenz im WAS IST. Hier, genau hier, ist der Sitz von allem, was du dir je wünschen kannst. Es ist einfach und gewöhnlich und wundervoll. Wie du siehst, bist du bereits zu Hause.[10]

Der letzte Weise, den ich hier vorstellen möchte und der sicher nicht in die Schablone passt, die wir uns vom heiligen Mann machen, ist Wayne Liquorman, ein amerikanischer Verleger und Autor und Schüler von Ramesh Balsekar. Wayne macht kein Geheimnis aus seinem früheren Leben als Alkoholiker. Er bezieht sich sogar auf diese Periode, indem er sich selbst ein Schwein nennt, das einfach nur mehr wollte – mehr Schnaps, mehr Drogen, mehr Sex, mehr und noch mehr. Und mehr war einfach nicht genug. Eines Morgens wachte er auf und fand sich stocknüchtern. Er schreibt:

> Dann kam am Ende einer viertägigen Sauftour ein Moment absoluter Gewissheit, dass diese Phase meines Lebens vorbei war. Es war, als sei ein Schalter umgelegt worden. Die Besessenheit war verschwunden. Es war nicht so, dass ich irgendetwas widerstehen musste. Es war einfach weg. Und es war absolut klar, dass nicht ich es war, der etwas getan hatte. Doch wenn ich es nicht getan hatte, stellte sich die Frage: «Was hat das mit mir angestellt? Wenn ich nicht Herr meines Schicksals bin, was ist es dann?» Dies war der Punkt, an dem ich meinen Kopf in den Rachen des Tigers streckte; sein Maul klappte zu und es gab kein Entkommen mehr. Ich wurde zu einem Suchenden.[11]

Wer Wayne heute trifft, begegnet einem stattlichen Mann mit einem dröhnenden Lachen und einem großen Sinn für Humor. In seinem Buch *Acceptance of What Is* sagt er über die Suchenden, die zu ihm kommen:

> Viele Menschen kommen zu mir, und wenn das, was ich sage, mit dem übereinstimmt, was sie

bereits kennen und für wahr halten, dann sagen sie: «Der Typ weiß, wovon er spricht. Er ist in Ordnung.» (Gelächter) Und wenn das, was ich sage, nicht mit dem übereinstimmt, was sie bereits kennen und für wahr halten, dann sagen sie: «Der hat nur Mist im Kopf», und gehen weiter.

Es hat nicht nur in unseren Tagen unkonventionelle Weise gegeben. So heißt es in einem Gedicht, das Shankara zugeschrieben wird, dem indischen Philosophen und Begründer des Advaita Vedânta:

Manchmal nackt, manchmal verrückt,
Bald als Gelehrte, bald als Narren,
So erschienen sie auf Erden –
Die freien Menschen.

Lesen wir über die Zen-Meister und daoistischen Weisen alter Zeiten, so begegnen uns einige ziemlich grobe Burschen; manche von ihnen schwingen einen Stock, versetzen ihren Schülern Ohrfeigen, betrinken sich oder holen sogar eine hölzerne Buddha-Statue vom Altar eines Tempels, um damit in kalter Nacht ein Feuerchen zu machen. Damit soll nicht gesagt sein, solch verrückte Weise seien die einzig wahren Weisen, denn das wäre schon wieder ein Versuch, ein Bild zu malen, dem der bevorzugte Weise entsprechen soll. Ich will damit auch nicht sagen, ein Weiser könne niemals ein Heiliger sein, nur, dass ein Weiser kein Heiliger sein *muss* – es kann auch eine Hausfrau, ein Soldat oder ein Geschäftsmann sein. Wenn man alle Erwartungen hinsichtlich der gesuchten Wahrheit und der Weisen, die «wissen», fallen lässt, kann es sein, dass man unvermutet einen Schatz im eigenen Hinterhof findet. Und wenn Sie akzeptieren, dass Weise einfach menschlich und nicht übermenschlich sind, dann fällt es Ihnen leichter, sich selber so anzunehmen, wie Sie sind. Das dämpft unrealistische Erwartungen hinsichtlich spiritueller Lehrer und dessen, was Sie glauben, werden zu müssen. Ihre Wahrheit und Ihre Freiheit liegen in dem, was Sie genau jetzt sind, darin, dass Sie akzeptieren, *was ist*. Rûmî, ein Sufi-Dichter des 13. Jahrhunderts, sagte:

Schau nicht auf meine äußere Gestalt,
Sondern nimm, was in meiner Hand ist.

Was also wird hier angeboten? Was genau hält er denn in der Hand? Ist es etwas, das wir wahrnehmen, empfangen und ergreifen, oder das sich zumindest begreifen lässt?

Verstehen Sie?

Die Naturwissenschaft kann das tiefste Geheimnis der Natur nicht lüften, und zwar deshalb nicht, weil wir in letzter Hinsicht selbst ein Teil des Rätsels sind, das wir zu lösen versuchen.[12]
MAX PLANCK

Es heißt oft, dass die Erleuchtung vom Intellekt her nicht zu verstehen sei. In diesem Kapitel werden wir diese Behauptung untersuchen, die viel Misstrauen im Geist entstehen lässt. Nebulöse Sprüche wie «Alles ist eins», «Dies ist es» und «Jenseits von Zeit und Raum» bringen es einfach nicht. Unser Verstand will unbedingt Fakten sehen und ist sich sicher, dass er zweifellos alles verstehen würde, wenn ihm nur jemand das mit der Erleuchtung anständig erklären würde. Die folgende Geschichte illustriert, dass es nicht unbedingt so erhellend ist, die richtige Antwort zu hören, wie wir glauben.

In seinem Buch Per Anhalter durch die Galaxis *(A Hitchhiker's Guide to the Galaxy) erzählt Douglas Adams von einem Erdenbürger namens Arthur Dent, dem es gelingt, gerade noch unserem Planeten zu entfliehen, ehe dieser ausradiert wird, um für eine intergalaktische Autobahn Platz zu machen. Sein Hitchhiker's Guide («Führer für*

Anhalter im Universum») wird zu seinem un-
entbehrlichen Reisebegleiter, und das Motto des
Führers, «Nur keine Panik», hilft ihm, manch ein
Abenteuer zu bestehen.

Während er zwischen den Sternen umherreist, hört
Arthur Dent die Geschichte von einem Computer
namens Deep Thought («Tiefes Denken»), der von
einer außerirdischen Rasse zu dem Zweck erbaut
wurde, die endgültige Frage über «das Leben,
das Universum und alles» zu beantworten. Nach
siebeneinhalbmillionen Jahren des Rechnens prä-
sentiert Deep Thought schließlich die Antwort.
Würdenträger, Priester und Wissenschaftler ver-
sammeln sich, um die Antwort zu hören. Und die
Antwort ist (Trommelwirbel bitte!) ..... 42!

Nun, 42 mag zwar die richtige Antwort sein, aber
ohne ein Verständnis aus erster Hand, wie Deep
Thought zu diesem Ergebnis gelangte, ist die Antwort nutzlos. Dasselbe gilt für die Antwort auf die
Frage: «Was ist Erleuchtung?» Die «Wissenden» beharren darauf, dass sie jenseits des Verstandesdenkens
und zugleich das Einfachste der Welt sei. Einer mag
Ihnen sagen, dass es keine Erleuchtung gebe und niemanden, der erleuchtet werden könne, während ein
anderer vielleicht sagt, dass die Erleuchtung bereits
völlig gegenwärtig sei. Auch wenn die «Wissenden»
sich zu widersprechen scheinen, weisen sie doch beide
auf dasselbe undefinierbare Zentrum hin, aus dem das
Hinweisen kommt. Vielleicht wird Ihnen auch gesagt,
dass keine Antwort Sie befriedigen werde, solange das

nicht klar sei, und dass Sie jede andere Antwort, die gegeben werden könnte, nur als Einladung verstehen würden, noch mehr Fragen zu stellen.

Unser Verstand ist jedoch überzeugt, dass es auf jede Frage eine verständliche und «richtige» Antwort gibt. Er sagt: «Drück dich einfach klar aus und erzähl mir nicht, dass es etwas gibt, was mein Verständnis übersteigt. Habe ich denn nicht die Pyramiden gebaut, die Relativitätstheorie hervorgebracht, Menschen auf dem Mond landen lassen und das menschliche Genom entschlüsselt?»

In der Tat, der menschliche Verstand hat scheinbar alle diese Dinge geleistet und noch viel, viel mehr. Doch bitte achten Sie hier auf das Wörtchen «scheinbar». Es ist wichtig, weil sich – sobald einmal klar ist, was Erleuchtung ist und was nicht – unsere Sicht der aktivierenden Energie in allem Denken vom Persönlichen zum Unpersönlichen hin verschieben wird.

Wenn wir in dem heutigen intellektuellen Klima vom Geist sprechen, meinen wir damit im Allgemeinen den Verstand. Das war nicht immer so. In Zen-Texten zum Beispiel begegnen wir immer wieder dem Begriff «Buddha-Geist», der für das steht, was wir in diesem Buch GEWAHRSEIN nennen. Das Wort «Geist» wird oft auch benutzt, um das polare Gegenteil von «Herz» zu bezeichnen, also den Intellekt im Gegensatz zum Zentrum der Emotionen. In jüngerer Zeit haben wir begonnen, den Intellekt und die Gefühle der linken beziehungsweise rechten Gehirnhälfte zuzuordnen; dabei betrachten wir, um es sehr einfach darzustellen, die linke Hemisphäre als den Sitz unserer sprachlichen und intellektuellen Fähigkeiten, während die rechte Hemisphäre deren intuitiver und emotionaler Partner ist. Aufgrund ihres analytischen Umgangs mit dem Leben hat die Menschheit sich zunehmend auf die linke Gehirnhälfte verlassen. Die linke Hemisphäre ist misstrauisch gegenüber der «verschwommenen Logik» (*fuzzy logic*) der rechten Gehirnhälfte und wahrt eifersüchtig ihre dominierende Stellung – alles mit den besten Absichten, da sie ehrlich davon überzeugt ist, der «beste Mann für diesen Job» zu sein.

«Mann» ist hier das richtige Wort, da das Männliche eher für die Methodik der linken Hemisphäre steht. Diese Dominanz spiegelt sich auch in der Gesellschaft als Ganzer wider, wo Frauen in vielen Situationen immer noch nicht den Männern gleichgestellt sind und wo viele Aktivitäten in der Geschäftswelt und der Politik des ausgleichenden Einflusses des Herzens ermangeln. Wir brauchen nur unsere Augen zu öffnen, um zu sehen, was für eine Torheit dieser einseitige Umgang mit dem Leben tatsächlich ist.

> *Der intuitive Geist ist ein heiliges Geschenk, und der rationale Geist ist ein treuer Diener.*
> *Wir haben eine Gesellschaft geschaffen, die dem Diener Achtung erweist und das Geschenk vergessen hat.*
> ALBERT EINSTEIN

Die linke Seite mag tatsächlich besser geeignet sein, die Welt in dualistische Begriffe aufzuteilen und zu kategorisieren, aber was hier diskutiert wird, verweist auf das Nonduale – das REINE GEWAHRSEIN – als die Totalität, in der und aus der der Geist und seine Aktivitäten auftauchen.

Der rationale Geist ist gut darin, Verabredungen zu treffen, die Bücher zu führen, Partys zu organisieren, Bomben zu bauen, Hochhäuser zu entwerfen und Millionen anderer Aufgaben zu bewältigen. Aber er ist völlig fehl am Platze, wo es um Nondualität und nicht-konditioniertes GEWAHRSEIN geht, das frei ist von jeglichem Konzept. Es ist schlichtweg unmöglich zu verstehen, was «frei von Konzepten» bedeutet, denn bis es zum Begreifen kommt, ist auch das nur ein weiteres Konzept. Es ist gleichermaßen unmöglich, die nonduale Sicht vom dualistischen Standpunkt aus zu verstehen, für den es einerseits *jemanden* gibt, *der versteht,* und andererseits *das, was verstanden wird.*

Allerdings ist *tatsächlich* ein Verstehen möglich, und zwar vom Standpunkt der einen Aktivität, die zurückbleibt, nachdem die scheinbare Trennung zwischen Subjekt und Objekt aufgelöst wurde. Dass cs ein Verstehen ohne diese traditionelle dualistische Beziehung geben soll, ist eine ungewohnte Idee, aber vielleicht bekommen wir eine Ahnung davon, was gemeint ist, wenn wir sie mit der Beziehung zwischen einem Gedanken und dem Denker dieses Gedankens vergleichen. Diese Unterscheidung ist bloß eine grammatikalische Konvention, denn unabhängig von einem Denker hat es noch nie einen Gedanken gegeben. In Wirklichkeit bilden Gedanke und Denker einen einzigen Prozess des Denkens. In gleicher Weise kann man denjenigen, der versteht, und dasjenige, das verstanden wird, als einen einheitlichen Prozess des Verstehens begreifen. In dem Augenblick, in dem der Verstehende mit dem Verstandenen verschmilzt, bleibt niemand zurück, der etwas versteht. Übrig ist nur das Verstehen.

In Beziehung zum REINEN GEWAHRSEIN ist das Beste, was der Verstand tun kann, seinen eigenen *Modus operandi* zu erkennen. Mit anderen Worten: Um verstehen zu können, müssen wir verstehen, *warum* wir nicht verstehen können. Wenn der Verstand an diesem Punkt nicht seine natürlichen Grenzen erkennt, dürfte er zu falschen Schlussfolgerungen gelangen wie etwa: «Oh, wenn ich es nicht verstehen kann, dann muss es sehr kompliziert sein.» Zweifellos kann die Sache sehr kompliziert werden, wenn wir versuchen, das Nonduale mit dem dualistischen Medium der Sprache zu erfassen. Aber im Grunde ist es überhaupt nicht kompliziert, so wie es ganz einfach ist, einem Kind die Farbe Blau zu zeigen, während es unmöglich ist, einem Professor, der blind geboren wurde, zu erklären, was Blau ist.

Während das Herz oder die rechte Gehirnhälfte ein Gefühl für diese Art von Argumentation hat, hat die aufteilende und klassifizierende linke Hemisphäre keinen Sinn dafür. Sie ist einfach nicht das richtige Werkzeug zum Umgang mit dem ungeteilten Ganzen, auf das dieser Text hinweist. Der Verstand ist das falsche Werkzeug zum Umgang mit der nondualen Wirklichkeit, so wie ein Eimer ungeeignet ist, um den Sommerwind einzufangen, Gitterstäbe den Regen nicht abhalten können und ein verschlossener Sarg kein Sonnenlicht enthalten kann.

Den Geschmack von Äpfeln studieren

Der denkende Geist erscheint nicht nur *im* GEWAHRSEIN, er neigt auch dazu, seine eigene intellektuelle Aktivität *für* GEWAHRSEIN zu halten. Tatsächlich ist GEWAHRSEIN kein Produkt des Geistes, sondern der Geist ist ein Produkt des GEWAHRSEINS – jenes stillen und dauernden Hintergrundes, der allem gemeinsam ist, einschließlich des Geistes und seiner Aktivität. So wie wir die Leinwand, auf die ein Film projiziert wird, nicht sehen, sehen wir im Allgemeinen auch diesen Hintergrund nicht, weil wir ganz mit den vergänglichen Abläufen beschäftigt sind, die auf der Leinwand erscheinen. Erweitern Sie Ihre Perspektive, und GEWAHRSEIN und dessen Inhalt fallen zusammen zu einer aus sich selbst leuchtenden Singularität, über die es aus dem einfachen Grunde nichts zu sagen gibt und die nicht erkannt werden kann, weil alles Gesagte und Erkannte untrennbarer Bestandteil dieser Singularität ist.

Kann es also nicht sein, dass das Denken selbst ein Teil der Wirklichkeit als Ganzer ist? Was könnte es

dann aber bedeuten, wenn ein Teil der Wirklichkeit einen anderen «erkennt», und zu welchem Grade wäre dies möglich?[13]
DAVID BOHM

Damit wird gesagt, dass ein Beobachter niemals einen Standpunkt außerhalb der Totalität einnehmen kann, um diese Totalität zu beobachten und zu bewerten. Mit anderen Worten: Es kann kein «Sie» getrennt von der Totalität geben, das die Totalität intellektuell erfassen könnte. GEWAHRSEIN, in dem und aus dem alles entsteht, ist Ihre wahre Identität. Ähnlich wie bei dem Licht, das sich selbst nicht beleuchten kann, können Sie es nicht *verstehen*, weil Sie selbst es *sind*.

Sie mögen das erkennen, oder Sie mögen denken: «Na prima. Aber was bringt es mir, wenn ich es bin, selbst wenn ich es nicht verstehe?» In diesem Fall lassen Sie uns einen anderen Ansatz versuchen. Vergessen wir einmal das Verstehen oder Nichtverstehen, und untersuchen wir stattdessen das «Ich», das es nicht versteht.

Die Vorstellung des «Ich»

Das größte Hindernis dafür, zu sehen, dass Erleuchtung bereits vorhanden ist, besteht für viele Menschen in der irrtümlichen Annahme, dass sie als ein getrenntes Individuum mit einem so genannten Ich oder Ego existieren. Wenn ein Mensch das Gefühl hat, ein solch getrenntes Wesen zu sein, er jedoch die Behauptung akzeptiert, dass das Ego ein Irrtum ist, dann verspürt er oder sie vielleicht das Bedürfnis, diese Illusion loszuwerden. Er glaubt dann oft, er müsse durch einen langwierigen Prozess der Disziplin, Reinigung und Übung gehen, der womöglich viele Leben in Anspruch nehmen wird, bevor er in der Lage sein werde, sich zu befreien und erleuchtet zu werden.

Zu behaupten, dass die Empfindung, ein getrenntes Individuum zu sein, eine Illusion ist, mag sich gewagt anhören, aber weder die moderne westliche Wissenschaft noch die östlichen mystischen Traditionen bestätigen die Existenz eines getrennten Selbst. Es gibt keine objektiven Beweise für die Existenz eines solchen «Ich». Subjektiv sind jedoch die meisten von uns von seiner Existenz überzeugt. In den folgenden drei Kapiteln werden wir diesen Glauben sezieren. Wir werden uns dieser scheinbaren Gewissheit aus verschiedenen Richtungen annähern, und wir werden prüfen, wie viel an dieser Idee dran ist. Nichts von dem hier Gesagten will Ihnen nahe legen, dass Sie sich von Ihrem Ego zu befreien haben; vielmehr wird versucht werden, Ihnen zu zeigen, dass es in Wirklichkeit kein unabhängiges Ich gibt, genauso wenig wie es Wellen unabhängig vom Ozean gibt.

Wir sind daran gewöhnt, uns für ein autonomes Bewusstseinszentrum zu halten, das einen Körper bewohnt. Wir identifizieren uns mit einem Ich, das entweder der Urheber unseres Tuns, unserer Gedanken und unserer Gefühle ist, oder das ein Subjekt ist, welchem Dinge widerfahren. Diese Erfahrung einer getrennten Wesenheit mit Vorlieben und Abneigungen, Besitztümern, Meinungen, Beziehungen und Verantwortungen ist etwas, das fast alle von uns teilen. Wir halten diese einzigartige Mixtur für unsere Persönlichkeit. Während wir wissen, dass unsere Persönlichkeit ein dynamisches Fließen ist, das von Erfahrungen verändert werden kann, halten wir das Ich oder Selbst für etwas Dauerhaftes, das intakt bleibt, während das Leben die Konstellation unserer Persönlichkeit verändert. Es ist jenes «Ich», das zuerst ein Kind war und nun ein Erwachsener ist, das zuerst keine Tomaten mochte, heute aber Tomaten liebt. Diese Überzeugung, eine getrennte Wesenheit mit einer einzigartigen Persönlichkeit zu sein, spiegelt sich in unserer sozialen Konditionierung, unseren Werten und in der Struktur unserer Sprache wider.

Unsere soziale Konditionierung und unsere Erziehung sind darauf ausgerichtet, uns zu verantwortungsbewussten Individuen zu machen, indem sie unsere Einzigartigkeit betonen und bestätigen. Wir werden dazu angehalten, auf unsere Errungenschaften stolz zu sein und persönliche Verantwortung für unsere Gedanken und Handlungen zu übernehmen. Wie verantwortlich wir tatsächlich sind, bleibt eine offene Frage. Viele der Gedanken und Meinungen, die wir für die «unseren» halten, gehen in Wirklichkeit mehr auf die Umstände zurück als auf unsere eigene Wahl. In der christlichen Weltanschauung basieren viele der am höchsten geachteten Werte und Überzeugungen auf individueller Verantwortung und Gottes Gabe des freien Willens. Doch mag jemand, der in einen anderen Kontext geboren wurde, mit derselben Bestimmtheit wissen, dass es keinen individuellen freien Willen, sondern nur den Willen Gottes gibt. Eine nähere Untersuchung unserer Ideen und Meinungen macht deutlich, dass sie weitgehend auf einer Programmierung beruhen, die wiederum hauptsächlich davon abhängt, in welche soziokulturelle Gruppe wir geboren wurden und welche Einstellung und welchen Status unsere Erzieher innerhalb dieser Gruppe hatten. Während wir aufwachsen, nehmen wir die Werte und Meinungen, die uns durch diese Konditionierung eingegeben wurden, im Allgemeinen als die «unseren» an. Wird ein Kind in Palästina geboren, dann weiß es schon bald, dass die Israelis die Bösewichte sind; ein in Israel geborenes Kind weiß das genaue Gegenteil.

Weitere Annahmen, die wir als Wahrheiten akzeptieren, beruhen auf unserem Gebrauch der Sprache. Wenn wir genau auf die Worte hören, die wir tagtäglich gebrauchen, werden sie unsere zugrunde liegenden und zum größten Teil unhinterfragten Annahmen offenbaren. An einem gewissen Punkt wird es dann sehr schwierig zu erkennen, in welchem Ausmaß unser Gebrauch von Wörtern zum Ausdruck bringt, wie wir die Welt sehen, und in welchem Maße Sprache tatsächlich dieser Welt Gestalt gibt.

> *Die linguistische Revolution des 20. Jahrhunderts besteht in der Erkenntnis, dass Sprache nicht einfach ein Werkzeug zur Kommunikation von Ideen über die Welt ist, sondern vielmehr ein Werkzeug, um die Welt erst einmal in Erscheinung treten zu lassen. Realität wird nicht einfach «erfahren» oder in der Sprache «reflektiert», sondern wird tatsächlich von der Sprache hervorgebracht.*[14]
> MISIA LANDAU

So gesehen, sind Worte machtvolle Magie. Wenn wir zum Beispiel unseren Kindern den Reim beibringen, «Stock und Stein brechen leicht mein Bein, doch das ist spitzen Zungen nie gelungen», dann wollen wir damit eigentlich nicht zum Ausdruck bringen, wir glaubten nicht an die Macht der Worte. Wir wollen den Kindern damit nur eine Beschwörungsformel geben, mit der sie sich gegen verbale Angriffe wehren können.

Indem wir die Welt um uns herum in benannte und mit Etiketten versehene Objekte einteilen, erlangen wir scheinbar die Macht, sie zu einem gewissen Grade zu manipulieren. Doch verlieren wir dadurch auch die universale und ursprüngliche Einheit aus dem Blick.

Wenn wir zwei Inseln sehen, sind sie dann vom Wasser getrennt, vom Wasser verbunden, oder verbirgt das Wasser ihre Verbundenheit? Gibt es wirklich eine Welle und einen Ozean, ein Feuer und seine Flammen, das Wasser und seine Nässe oder, wenn wir es recht betrachten, eine Person und ihre Umgebung?

Unsere Sprache besteht nicht nur aus diesen dualistischen Etiketten, sondern ist auch voll von Ausdrücken, welche eine Identität bestätigen und Trennung fördern: «Sei ein Mann.» – «Sie ist wirklich eine Persönlichkeit.» – «Entweder wir oder sie.» Und auf weniger offensichtliche Weise: «Die Natur beherrschen.» – «Sich der Realität stellen.» – «Das Leben ist, was du daraus machst.» Wenn wir solche Sätze wörtlich nehmen, wie es die meisten von uns tun, dann könnten wir zu dem Schluss kommen, dass wir getrennt von der Natur existieren und dass die Natur – einschließlich unserer menschlichen Natur – beherrscht werden muss; dass die Realität etwas von uns getrennt Existierendes ist, dem wir uns stellen müssen; und dass es einerseits das Leben gibt und andererseits uns, die wir etwas daraus machen müssen.

Solange wir uns darüber im Klaren sind, dass die Symbole, die wir zur Beschreibung unserer Welt benutzen, nicht das sind, was sie zu beschreiben versuchen, gibt es keine Verwirrung. Sobald wir jedoch vergessen, dass die Landkarte nicht die Landschaft ist, werden wir dermaßen hypnotisiert, dass die Welt für uns zu einem komplexen und verwirrenden Puzzle wird, das zu riesig und zu kompliziert ist, als dass wir die Einzelteile jemals ganz zusammensetzen könnten. Diese Art des Denkens unterstützt nicht nur die Idee, dass wir von unserer Umwelt getrennt sind, sondern sie ermutigt auch die Manipulation und Ausbeutung dieser Umwelt anstelle der Kooperation mit ihr.

Die Tatsache, dass wir das Konzept «unserer Umwelt» besitzen, verbirgt uns die Wahrheit, dass die Umwelt und wir selbst in Wirklichkeit ein einziges Kontinuum sind. Jeder Biologe wird uns bestätigen, dass die getrennte Existenz eines Körper-Geist-Organismus eine Illusion ist. Ein Organismus erscheint *in* einer Umwelt und ist von dieser nicht zu trennen. Doch auch diese Beschreibung vermag die unvorstellbare Wirklichkeit, in der es weder eine Person noch eine Umwelt gibt, noch nicht wirklich zu beschreiben. «Person» und «Umwelt» sind zwei Etiketten, die wir einem einzigen Ereignis aufkleben und mit denen wir es scheinbar aufteilen. Da es ein einziges Phänomen ist, gibt es niemanden, der außerhalb davon stehen kann, um es zu erfassen. Walt Whitman drückt diese Empfindung der Einheit mit der Umgebung folgendermaßen aus:

Meine Zunge, jedes Atom meines Blutes, geschaffen aus dieser Erde, dieser Luft
Geboren hier von Eltern, die hier geboren wurden, von gleichen Eltern, und diese von gleichen Eltern ...

Selbst wenn wir dem beipflichten, was uns ein Biologe und der Dichter Walt Whitman sagen, haben die meisten von uns doch nicht das Gefühl, dass dem wirklich so ist. Wir erfahren uns als in uns selbst abgeschlossene Einheiten, jeder mit einer individuellen Existenz, abgetrennt von der Welt da draußen. Diese Empfindung der Getrenntheit ist eine der Definitionen des Wortes «Ego» oder «Ich». Wir werden später noch detaillierter darauf zurückkommen; für den Moment genügt es zu sagen, dass die Begriffe «Ich» und «Individuum», so wie sie in diesem Buch verwendet werden, für die trügerische Empfindung der Getrenntheit stehen, die an dem Punkt entsteht, wo das REINE GEWAHRSEIN sich selbst anscheinend vergisst und sich mit einer an Zeit und Raum gebundenen Wesenheit identifiziert.

Der dynamische Prozess dieser Wesenheit erscheint als Gedanken, Gefühle, Erfahrungen und Körper-Geist-Organismus. Wir benennen sie als objektive Besitztümer: *meine* Gedanken, *meine* Gefühle, *meine* Erfahrungen und *mein* Körper.

Bedauerlicherweise ist der Körper-Geist keine stabile Grundlage, auf der das Ich stehen könnte. Nach einiger Zeit verfällt und stirbt er. Wir sehen den Tod also entweder als das Ende unseres Ich an (dem Kapitän vergleichbar, der mit seinem Schiff untergeht), oder wir pflegen die Hoffnung/den Glauben, dass die «Ich-Essenz», also das, was wir als Seele bezeichnen, überleben wird. Je nachdem, was wir glauben, dauert die Seele entweder ohne einen Körper fort, oder sie wird sich in einem neuen Körper inkarnieren.

Auch wenn dieses «Ich» sich vielleicht abgetrennt und einsam fühlt, ist es offensichtlich nicht allein. Ringsumher gibt es zahllose andere «Ichs», die alle mit mehr oder weniger Erfolg bemüht sind, ihre eigene individuelle Show abzuziehen, wobei ein jedes versucht, die Nase vorn zu haben. Aus dieser Perspektive betrachtet, scheint die Welt eine Ansammlung von separaten, vergänglichen Objekten und sterblichen Individuen zu sein, die nur von kurzer Dauer sind – alles unbedeutende Ereignisse, verloren in der Unendlichkeit von Zeit und Raum. Selbst wenn die uns gemeinsame Sterblichkeit in einigen von uns Mitgefühl erweckt, fühlen sich doch die meisten von uns entfremdet, nicht nur voneinander, sondern auch von ihrer Umwelt und dem Leben als Ganzem. Es mag uns ja in diesem Augenblick recht gut gehen, aber gleich unter der Oberfläche lauert das unangenehme Gefühl, dass wir in diesem unendlichen und kalten Universum nicht wirklich zu Hause sind und dass jeden Moment etwas ganz fürchterlich schief gehen könnte.

Die Zeit scheint uns in alarmierender Geschwindigkeit davonzulaufen. Wir sind uns ständig der Möglichkeit von Krankheiten, Tragödien und Gebrechlichkeit im Alter bewusst, und da stets das Todesurteil als Damoklesschwert über unserem Kopf hängt, leben wir mit einem Gefühl der Dringlichkeit, das Beste aus unserem Leben machen zu müssen, bevor unsere Zeit abgelaufen ist. Eine solche Sicht des Lebens entspringt der Überzeugung, dass wir tatsächlich ein an die Zeit gebundenes und sterbliches Individuum sind, ein Objekt unter Objekten, welches in der trostlosen Realität, die ich gerade skizziert habe, lebt und mit dieser zurechtzukommen hat. Diese Empfindung der Getrenntheit ist so tief verwurzelt, dass wir sie selten in Frage stellen. Sie scheint eine absolute und belegbare Tatsache zu sein.

Aber ich möchte Sie auffordern, diese Tatsache einmal zu beweisen. Stellen Sie diese Annahme in Frage, kontemplieren Sie sie, überprüfen Sie sie, und finden Sie heraus, ob es wirklich handfeste Beweise für die Existenz dieses «Ich» gibt.

Der Feind in unserem Inneren

Wie viele Lehren behaupten, ist das Ego das Haupthindernis für das Erreichen des letzten Zieles wahrer Erkenntnis. Der Suchende lernt, dass das Ego eine Illusion ist, und lässt sich die Idee aufschwatzen, das Ego sei schlecht und der Weg zur Erleuchtung bestehe darin, es abzutöten.

Die Idee dieses «bösen Ego» wird entweder mit unserer angeblich animalischen Natur, die es gilt, im Zaum zu halten, in Verbindung gebracht oder mit der religiösen Vorstellung, die menschliche Natur sei sündig und müsse beherrscht werden, wenn wir in den Himmel kommen wollen. Aus verschiedenen Gründen sind dies ausgesprochen merkwürdige Vorstellungen.

Bevor wir sinnvoll über das Ego diskutieren können, wäre es hilfreich, sich vor Augen zu führen, dass dieser Begriff für verschiedene Menschen eine ganz unterschiedliche Bedeutung hat. Er ist das lateinische Wort für «Ich», und in der Sprache der Psychoanalyse steht dieser Begriff für den Kern der Persönlichkeit, der mit der Realität umgeht und von dieser beeinflusst wird. In der Philosophie steht «Ego» für das bewusste Selbst. Es gibt viele Variationen dieser Definitionen, die sich zum Teil überlappen, zum Teil aber auch widersprechen. So wird das Ego verstanden als:

- die eigene Identität
- das Bewusstsein der eigenen Identität
- ein aufgeblasenes Gefühl des Stolzes und ein Gefühl der Überlegenheit anderen gegenüber
- die eigene Persönlichkeit oder der eigene Charakter
- das eigene Selbstbild
- die Erinnerungslinie, die uns das Gefühl einer fortlaufenden Existenz gibt
- die Kombination soziokultureller Konditionierung mit genetischer Programmierung
- ein autonomes Zentrum des Bewusstseins und Willens innerhalb eines Körpers
- eine Rolle, die das Selbst sich ausgedacht hat und die es spielt
- eine irrtümliche Identität, die daraus entsteht, dass das universale *Ich bin* für ein persönliches *Ich bin der so und so* gehalten wird

In diesem Text geht es uns hauptsächlich um das philosophische Konzept einer falsch verstandenen Identität oder um das illusorische Ich. Da das Ich oder Ego selbstbezüglich ist, ist es ein Widerspruch in sich, und damit ist es eine unmögliche Aufgabe, wenn «ich» versuche, «mein Ego» loszuwerden. Es folgen einige wenige Beispiele für die inneren Widersprüche, die aus dem Ego-Konzept entstehen:

- Wenn wir an einem heißen Tag mit dem Auto unterwegs sind, kommt es vielleicht zu der optischen Täuschung, dass Wasser auf einer Asphaltstraße steht. Wir glauben dann nicht wirklich, durch Wasser zu fahren. Doch selbst wenn der Suchende davon überzeugt ist, dass das Ego eine Illusion ist, fährt er fort, es als Realität zu behandeln. Irgendwie gelingt es uns, das Trugbild des Wassers auf der Straße einfach nicht ernst zu nehmen, doch schlagen wir uns weiterhin mit dem Trugbild des Egos herum.

• Die meisten Suchenden glauben, dass das Ego ein Hindernis für die Erleuchtung sei, und versuchen, es loszuwerden. Doch wer wird da wen los, und was hofft man damit zu erreichen? Gewöhnlich läuft das auf Folgendes hinaus: *Ich* möchte *mein* Ego loswerden, weil *ich* glaube, dass dies *mir* (wer ist das dann?) das bringt, was *ich* mir wünsche. Natürlich weiß das Ego sehr wohl um alle Angriffe auf sein Leben. Es ist wie ein zum Tode Verurteilter, der mit seiner eigenen Exekution betraut wird. In einem angeblichen Gespräch zwischen Laozi und Kongzi (Konfuzius) sagt Laozi:

Dein Versuch, das Ich zu eliminieren, ist eine untrügliche Manifestation von Ichbezogenheit. Du bist wie ein Mensch, der auf der Suche nach einem Flüchtigen eine Trommel schlägt.

• Der Suchende, der sein Ego loswerden will, jagt einer ständig vor ihm zurückweichenden Illusion nach. Zuerst spaltet er sich in zwei Teile auf – das Ego und derjenige, der es loswerden will. Sowie er diese Spaltung bemerkt, bezieht er noch eine dritte Position, und sobald er dieses dritte «Ich» bemerkt, das sowohl das Ego sieht als auch denjenigen, der es loswerden will, muss es ein viertes «Ich» geben, welches das dritte sieht, und dann ein fünftes, welches das vierte sieht ... und so weiter. Es kommt zu einer Aufspaltung, die *ad infinitum* fortgesetzt wird, was mich an einen Limerick von Alan Watts erinnert, der diesen Punkt illustrieren soll:

There was a young man who said:
«Though it seems that I know that I know,
What I would like to see, is the I that knows me,
When I know, that I know, that I know.»
(Es war ein junger Mann, der sich sagte:
«Auch wenn es scheint, dass ich weiß, dass ich weiß,
Säh ich doch gern das Ich, das um mich weiß,
Wenn ich weiß, dass ich weiß, dass ich weiß.»)

• Dieses ganze Unterfangen, das Ego loszuwerden, ist ein Resultat des Begehrens, erleuchtet zu werden, und doch soll Begierde eines der Haupthindernisse für das Eintreten von Erleuchtung sein. Als Konsequenz davon scheinen wir keine andere Wahl zu haben, als zu begehren, nicht zu begehren, was natürlich eine unmöglich zu erfüllende und in ihrer Essenz ichhafte Aufgabe ist.

Wenn er also die inneren Widersprüche in Betracht zieht, die das Konzept des «Das-Ego-Loswerdens» mit sich bringt, muss der Suchende zu der Schlussfolgerung gelangen, dass die ganze Bemühung um das Fallenlassen des Egos zum Scheitern verurteilt ist. Dieses auf den ersten Blick deprimierende Ergebnis scheint die Befreiung in unerreichbare Ferne zu rücken. Tatsächlich ist es jedoch ein Zeichen der Hoffnung, da die Idee, dass es ein «Ich» oder «Ego» gibt, das seine eigene Befreiung herbeiführen kann, sich aufzulösen beginnt.

Sich mit der paradoxen Natur des Egos herumzuschlagen, führt an sich noch nicht zu Einsicht. Es kann jedoch den Weg zu einer spontanen Hingabe aufgrund schierer Erschöpfung frei machen. In dieser Hingabe wird das Ego-Problem weniger gelöst, als vielmehr aufgelöst. Wenn die Ich-Illusion zerbricht, bleibt niemand übrig, der erleuchtet werden könnte. Was übrig bleibt, ist die Erkenntnis, dass Erleuchtung bereits vorhanden ist. Wenn wir ganz klar verstehen, dass dieses ganze Ego-Getue nur ein Jonglieren mit vorn und hinten nicht zusammenpassenden Ideen und einander widersprechenden Konzepten ist, dann kann es einfach verschwinden, so wie Morgendunst sich bei den ersten Strahlen der aufgehenden Sonne auflöst.

Diese Einsicht mag uns dazu führen, zu verstehen, dass das, was hier von Anfang an gesagt wurde, wahr ist: Das Ego ist eine Illusion. Tatsächlich ist es noch nie jemandem gelungen, auch nur ein Fitzelchen eines handfesten Beweises für die Existenz eines solchen Dings zu finden. Natürlich ist die Existenz von etwas allein dadurch noch nicht widerlegt, dass wir es nicht beweisen können. Sie können den Inhalt eines Traumes nicht beweisen, aber das bedeutet nicht, dass Ihr

Bericht davon unwahr ist. Der Inhalt eines Traums lässt sich nicht beweisen, aber die Wissenschaft kann zeigen, dass Träume tatsächlich auftreten. Für die Existenz oder Nichtexistenz des Egos gibt es jedoch keinen solchen Beweis; es gibt nur eine subjektive Bestätigung.

Diese persönlichen «Beweise» sind über Jahrtausende unter die Lupe genommen worden. Und jene, die später sagten, das Ego sei eine Illusion, haben zuerst an seine Existenz geglaubt, mussten später jedoch eingestehen, dass die Abwesenheit des Ego etwas Wirklicheres hat als dessen Gegenwart. Was bleibt, wenn das Ich abwesend ist, ist die Klarheit, ist die klare Gewissheit, dass Ihr wahres Sein GEWAHRSEIN ist und dass Ihr Gefühl der Getrenntheit eine göttliche Hypnose war, die dazu führte, dass Sie sich selbst als ein begrenztes Wesen erfahren haben. Als Metapher für diese Erfahrung eines getrennten Ich könnte man sagen, dass es nichts anderes ist als ein spielerischer Ausdruck des SELBST. Nach dieser Metapher ist das Ego eine begrenzte Rolle, die an sich nicht existiert. Es ist das SELBST in einer seiner vielen Verkleidungen, so wie der Bösewicht in einem Film nicht unabhängig von dem Schauspieler existiert, der ihn spielt.

Doch auch wenn diese Argumentation auf einer intellektuellen Ebene überzeugend ist, kann der Suchende dennoch in der nicht zu leugnenden Empfindung feststecken, dass das Ich existiert. Es ist einfach die Meisterschaft, mit der das SELBST diese Illusion spinnt, die zur Empfindung der Realität des Egos führt. Es spielt diese Rollen dermaßen überzeugend, dass ihnen sogar ein Gefühl der Autonomie eigen ist. Stellen Sie sich vor, Sie läsen einen Roman. Auf Seite fünfundzwanzig überlegt sich der Held, was er tun soll. Er scheint verschiedene Möglichkeiten zu erwägen und sich dann für einen Weg zu entscheiden; aber wofür auch immer er sich entscheidet – auf Seite dreißig hat der Autor es schon längst ausgeführt. Als Urheber des Buches des Lebens hält das SELBST überaus geschickt die Illusion der Unabhängigkeit und des freien Willens aufrecht und bestätigt das Ego sogar noch dadurch, dass es das Ego mit weiteren Illusionen, wie etwa jener der spirituellen Praxis, ringen lässt. Denn diese Versuche, das Ego kleinzukriegen, verewigen nur die Illusion der Getrenntheit. Wei Wu Wei sagt dazu:

«Das Ego» zerstören, es mit Hunden hetzen, es prügeln, es ducken,
ihm sagen, es solle verschwinden?
Ein toller Spaß, zweifellos, doch wo ist es nur?
Musst du es nicht erst einmal finden?
Heißt es nicht, man müsse die Gans erst einmal fangen,
bevor man sie braten kann?
... Schwierig, schwierig, denn es gibt dieses Ding gar nicht.[15]

Dieses ganze Gefecht, das «mit Hunden hetzen, es prügeln und ducken», i s t die Ich-Illusion. Das Ich wird genauso hartnäckig darum kämpfen, zu überleben, wie der Suchende darum kämpft, es abzutöten. Dies scheint ein Widerspruch in sich zu sein. Wie kann man eine Illusion bekämpfen, und – was noch seltsamer ist – wie kann eine Illusion sich wehren? Nun, natürlich kann eine Illusion das nicht. Aber seiner illusorischen Natur entsprechend, kann es das *scheinbar* doch – so wie ein Hund seinem Schwanz in der Illusion nachjagen kann, dass er vor ihm flieht. Wir könnten sagen, dass die Ich-Illusion nicht so sehr in der Wahrnehmung eines Ichs besteht, sondern darin, dass man sich damit identifiziert. Das Ego hat dieselbe Ebene der Realität wie ein Echo, welches nicht getrennt von dem Klang existiert, dessen Reflexion es ist. Es hat ebenso viel Substanz wie Ihr Schatten. Sie mögen sich noch so sehr anstrengen, es zu ergreifen, es unter einer Decke einzufangen oder es hinter sich zu lassen, gelingen wird Ihnen das nicht.

Das ist mir von der Schule bis nach Hause gefolgt. Darf ich es behalten?

Wir könnten dieses Ringen mit dem Ego mit der Situation eines Menschen vergleichen, der sein Gewicht bestimmen will, indem er sich selbst bei den Fußgelenken packt und versucht, sich hochzuheben. Je kräftiger er zieht, desto schwerer *scheint* er zu sein. Diese Anstrengung erzeugt eine Rückkoppelungsschleife, die ihm bestätigt, dass das Gewicht seine Kräfte übersteigt. Als scheinbare Lösung könnte er darauf verfallen, Muskeltraining zu machen oder mit Hilfe einer Diät abzunehmen. In beiden Fällen kann die Illusion aufrechterhalten werden, dass er Fortschritte macht und das Problem irgendwann wird lösen können. Natürlich wird das nicht funktionieren, denn das ganze Problem *besteht* in dem Versuch, es zu lösen. Das vermeintliche Problem löst sich in dem Augenblick auf, in dem man aufgibt, es zu lösen. Plötzlich hat die Person die Hände frei für andere Dinge und kann ihr Gewicht nun ganz einfach durch Gehen, Springen oder Tanzen vom Fleck bewegen.

Wenn wir den Kampf mit dem Ego, der sich gelegentlich als spirituelle Praxis verkleidet, aufgeben, kann das unpersönliche SELBST seine wahre Natur offenbaren – jene vitale Essenz, die allem, was ist, gemeinsam ist. Diese vitale Essenz spielt, verkleidet als der Körper-Geist-Organismus des Suchenden, so lange ein Versteckspiel, bis es ihr beliebt, «Finden» zu spielen.

Ist erst einmal klar, dass alles eins ist, dann kann die Empfindung eines getrennten Ich nur eine Aktivität des SELBST sein. Aber warum tut es so etwas, könnten Sie fragen. Die prägnanteste Antwort darauf ist: «Warum nicht?» Die längere Antwort ist, dass es das tut, weil Spielen seinem Wesen entspricht.

Es ist dieses Spiel, was die Inder Lîlâ nennen, den kosmischen Tanz der Manifestation oder die Aktivität, in der das SELBST vergisst, dass es allein ist oder Allein. Das SELBST verliert sich in den Traum der Existenz, der es ihm ermöglicht, die schrecklichsten und wundervollsten Abenteuer zu erleben, einfach nur um der Erfahrung willen. Aus dieser Perspektive gesehen, gibt es keine Ungerechtigkeit in der Welt. Wenn ein Mord geschieht, erscheint das SELBST als der Mörder *und* als das Opfer, das SELBST erscheint als der Polizist, der den Mörder verhaftet, und als der Richter, der ihn ins Zuchthaus schickt.

Dieses «Sich-in-das-Spiel-Verlieren» kann man mit der Art und Weise vergleichen, in der wir uns selbst vergessen, wenn wir von einem Film gefesselt sind, der von Liebesszenen, Verrat, Gewalt und Selbstaufopferung handelt. Dann kann es sein, dass wir wütend werden, schockiert sind, tief betroffen und zu Tränen gerührt. Doch auf einer bestimmten Ebene wissen wir die ganze Zeit, dass wir sicher sind und das alles nur ein Film ist.

Im Augenblick der Hingabe – dem Moment, in dem das Ego einstürzt – erkennen wir das Leben als jenes phantastische Traum-Spiel, das es ist. Sogleich ist die Suche vorüber, und die Halluzination eines getrennten Ich entpuppt sich als eine vom universalen Selbst produzierte magische Illusion. Die persönliche Identität löst sich in die Quelle hinein auf, so wie ein Tropfen Gischt sich wieder mit dem Ozean vereint.

Wenn das geschieht, bleibt niemand übrig, der diese Worte lesen könnte – und doch bleiben die Worte nicht ungelesen. Solange es aber «Sie» sind, der liest, lassen Sie uns dieses nicht zu leugnende Gefühl des «Ich bin» untersuchen, das wir nicht mit der Ich-Illusion verwechseln sollten.

Ich bin ... oder bin ich wirklich?

Waren Sie je dabei, wenn an einem Strand ein Wettbewerb im Sandfigurenbauen abgehalten wurde? Die Leute schaffen da die erstaunlichsten Kopien alter Statuen oder sie kreieren eigene Standbilder, doch alles, was sie erschaffen, ist immer noch Sand. Wenn die Statuen zusammenfallen, verschmelzen sie wieder mit dem Strand. So ist es auch mit den Erscheinungen im REINEN GEWAHRSEIN – sie sind nichts als GEWAHRSEIN.

Aus dem REINEN GEWAHRSEIN, dieser EINEN SUBSTANZ, entsteht der Wurzelgedanke aller Gedanken: ICH BIN. Hieraus entsteht dann durch Identifikation das Ich. Es erscheint als «Ich bin soundso» und entsprechend «Ich bin nicht soundso». Eine scheinbare Aufspaltung dessen, was im Wesentlichen eins ist, entfaltet sich, und alle Formen und Wesen treten in Erscheinung.

> *Das Namenlose ist der Anfang von Himmel und Erde.*
> *Das Benannte ist die Mutter der Zehntausend Dinge.*[16]
> LAOZI

Wie das Wort *Uni*-versum bereits impliziert und wie es viele großen religiösen Traditionen sagen, gibt es nichts außerhalb von Gott. ALLES IST EINS, und da dem so ist, ist der Glaube an ein abgetrenntes, sterbliches, zeitgebundenes Ich, welches in einem *Multi*-versum auftritt, in dem die meisten von uns zu leben scheinen, eine Illusion.

Wenn wir uns einem anderen vorstellen, beginnen wir meist mit «Ich bin», gefolgt von unserem Namen oder unserem Beruf. Wenn wir die Sache jedoch näher betrachten, zeigt sich, dass es unmöglich ist, dieses «Ich» aufzufinden. Auch wenn ich zweifellos einen Namen habe, *bin* ich doch nicht dieser Name. Dasselbe gilt für meine Empfindungen, Gedanken und Gefühle. Sie können nicht das sein, was ich bin, denn ihre Natur ist flüchtig und vergänglich, während meine Ich-Empfindung konstant bleibt.

Das «Ich», das die Frage stellt, wer es ist, kann sich selbst genauso wenig untersuchen, wie ein Spiegel sich selbst reflektieren kann.

Hier ist ein Dialog zwischen Bodhidharma und Huike:[17]

Huike: Der Geist Eures Schülers findet noch keinen Frieden. Ich bitte Euch, Meister, gebt ihm Frieden!
Bodhidharma: Bring mir den Geist her, und ich werde ihn zur Ruhe bringen.
Huike: Ich habe nach dem Geist gesucht, doch er ist schließlich unauffindbar.
Bodhidharma: Dann habe ich ihn gründlich zur Ruhe gebracht.[18]

Empfindungen, Gefühle und Gedanken entstehen einfach, ohne dass es irgendwelche Beweise für ein «Ich» gibt, das sich zuvor entschließt, diese zu haben. Wenn ich mich auf den Denkprozess konzentriere – den wir scheinbar direkter unter Kontrolle haben als unsere Empfindungen und Gefühle –, dann kann ich den Denker nicht finden, der beschließt, einen bestimmten Gedanken zu haben, bevor dieser auftritt. Natürlich kann ich sagen: «Aber ja, das war ich, der sich entschloss, diesen Gedanken zu haben.» Doch das ist dann nur ein weiterer Gedanke. Darüber hinaus ist das «Ich», welches diesen Gedanken als Besitz für sich in Anspruch nimmt, selbst bloß eine Komponente des Gedankens. In Wahrheit weiß ich noch nicht einmal, was «mein» nächster Gedanke sein wird, bevor er auftaucht. Rûmî, ein Sufi-Dichter des 13. Jahrhunderts, sagt dazu:

Sei leer von aller Besorgnis.
Denke an den, der das Denken geschaffen hat![19]

Die *universelle belebende Energie* ist jenes Eine, welches das Denken schafft. Aus dieser Perspektive gesehen, ist der Geist oder das Gehirn eher der Empfänger als der Erzeuger des Denkens, vergleichbar einem Fernsehempfänger. Wenn wir einen Fernseher auseinander nehmen, werden wir in seinem Inneren die Quelle der Klänge und Bilder nicht finden. Ebenso wenig können wir den Denker von Gedanken innerhalb des Körper-Geistes finden.

Die belebende Energie, das Eine, das sich als die Illusion des vielen manifestiert, ist die Quelle von allem, einschließlich aller Gedanken. Sie ist nicht nur der Gedanke «Ich bin», sondern die absolute Gewissheit des

«Ich Bin». Sie tragen diese Gewissheit in sich, ohne daran denken zu müssen. Sie besteht aus sich selbst und ist nicht auf das «Ich bin» beschränkt, das Teil der verschiedenen relativen Kennzeichnungen ist wie etwa «Ich bin ein Tischler, ein Bruder, ein Vater, eine Mutter, ein Freund, eine Tochter» und so weiter. Das Gefühl der Identifizierung mit solchen relativen und zeitlichen Zuschreibungen ist eine Reflexion der Hervorbringung des trügerischen Egos durch das Selbst.

Spiele deinen Part in der Komödie, aber identifiziere dich nicht mit deiner Rolle![20]
Wei Wu Wei

Ramana Maharshi hat uns die Selbsterforschung mit der Frage «Wer bin ich?» empfohlen. Fragt Sie jemand, wer Sie sind, dann zögern Sie vielleicht, weil Sie nicht wissen, was Sie antworten sollen. Doch wenn Sie gefragt werden, ob Sie existieren, gibt es keinen solchen Zweifel. Die Antwort kommt im Brustton der Überzeugung: «Ja, natürlich existiere ich.» Ist die Antwort auf die erste Frage erst genauso klar wie die Antwort auf die zweite Frage, dann haben Sie begriffen.

Was Sie dann begriffen haben, ist, dass beide Fragen in der Tat dieselbe Antwort haben. Das, was sich seiner Existenz sicher ist – die innerste Gewissheit des Ich Bin –, ist das, was Sie in Ihrem Wesen sind. Mit anderen Worten: Ich Bin dieses Wissen, das weiß, dass Ich Bin. Die Hindus sagen: *Tat Tvam Asi*, «Das bist Du». Im Alten Testament sagt Gott: «Ich Bin, der Ich Bin.» Dieses nicht zu leugnende «Ich Bin» ist nicht ein «Ich» im persönlichen Sinne, sondern das universale SELBST. Ramana Maharshi nannte die grundlegende Einheit des «ICH BIN» und des universalen SELBST «ICH-ICH».

Wenn ich es mit diesem Verständnis betrachte, dann sehe ich, wie Gedanken in «meinem» GEWAHR-SEIN erscheinen wie Wolken in einem klaren, blauen Himmel und sich dann, ohne eine Spur zu hinterlassen, wieder in ihn auflösen. In der Tat besteht keine Notwendigkeit zu sagen, dass Gedanken in *meinem* GEWAHRSEIN erscheinen. *Im GEWAHRSEIN* genügt. Gedanken wie alles andere geschehen einfach. Alles *ist*, ohne dass ein Ich hinter den Kulissen Regie führt. Auf das Ego kommt es für das Denken und das allgemeine Funktionieren des Körper-Geist-Organismus ebenso wenig an wie auf Atlas für das Tragen des Firmaments. Und so wie die alten Griechen irgendwann einmal entdeckt haben, dass es in Wahrheit niemals einen Titanen namens Atlas gegeben hat, der das Firmament auf seinen Schultern trägt, so können Sie erkennen, dass es niemals ein wirkliches Ich gegeben hat, das die absolute Gewissheit des «ICH BIN» getragen hat.

Sie brauchen diese Aussage durchaus nicht einfach anzunehmen. Sie können die Sache selber untersuchen, indem Sie nach innen schauen und versuchen, ein separates Ich aufzufinden. Sie werden nirgendwo diesen «Geist in der Maschine» finden, der angeblich der Denker Ihrer Gedanken, der Fühler Ihrer Gefühle und der Täter Ihrer Taten ist – außer als Gedanken oder als grammatikalische Konvention. Sie sind das, was nach diesem «Ich» sucht, und solange die Suche andauert, wird diese Tatsache übersehen.

Diese Erkenntnis ist eine Kopernikanische Wende, die das Ich aus dem Zentrum des Universums herausrückt.[21] Daraus soll nun allerdings kein neues Konzept werden, an dem man festhält. Ramana Maharshi vergleicht ein falsches Konzept mit einem Dorn, der uns im Fleisch steckt. Man kann einen anderen Dorn, also ein zweites Konzept, benutzen, um den ersten herauszuholen; danach aber wirft man beide weg. An dem zweiten festzuhalten würde nur dazu führen, dass man sich erneut «sticht». Der Dorn in dem gerade Gesagten ist: Meine Worte scheinen nahe zu legen, dass tatsächlich ein «Ich» existiert, welches von beiden Dornen ablassen sollte, während es in Wirklichkeit niemanden gibt, der an irgendetwas festhalten könnte. Das Konzept des ursprünglichen ICH BIN (reines Sein ohne die Dualität von jemandem, der etwas ist) ist nur ein weiterer Wegweiser, der auf das REINE GEWAHRSEIN hinweist. Und so wie Wasser es nicht nötig hat, nass zu werden, hat GEWAHRSEIN den Gedanken «ICH BIN» nicht nötig. Es *ist das*.

Ich bin das Licht, das über ihnen allen ist,
Ich bin das All,
Das All entsprang aus mir,
Und das All gelangte zu mir.
Spalte ein Holzscheit, und ich bin dort;
Hebe einen Stein auf, und du wirst mich dort finden.[22]
THOMAS-EVANGELIUM

Wer ist der Zuschauer?

Wenn ein Lehrer «Ich» an die Tafel schreibt und die Schüler fragt, was sie sehen, werden die meisten sagen, sie sähen das Wort «Ich». Es kommt nur selten vor, dass einmal jemand antwortet: «Ich sehe eine Tafel, auf der das Wort ‹Ich› steht.» Genauso wie die relativ große Tafel zugunsten des kleinen Wortes übersehen wird, übersehen wir das REINE GEWAHRSEIN, das der ständige Hintergrund aller Phänomene ist. Wir neigen dazu, es ebenso zu übersehen, wie wir die Leinwand vergessen, auf die ein Film projiziert wird. Diese Leinwand ist das Unwandelbare in allen darauf projizierten Filmen, die wir sehen, aber sie wird als solche niemals von dem Film berührt. Der Film mag einen Ozean, eine lange kurvige Straße, einen Mord oder einen Waldbrand zeigen, aber die Leinwand wird nicht nass werden, von einem Ort zum anderen führen, bluten oder brennen. Genauso bleibt das REINE GEWAHRSEIN rein und unberührt von seinem Inhalt.

GEWAHRSEIN ist das durchgehende Charakteristikum in und hinter aller Erfahrung, aber es ist auch das, was unserer Aufmerksamkeit am leichtesten entgeht. Aufmerksamkeit ist nicht dasselbe wie GEWAHRSEIN. Unser Gehirn ist so konstruiert, dass wir, wenn wir einer Sache unsere Aufmerksamkeit zuwenden, automatisch etwas anderes ignorieren. Wir sehen die Sterne und ignorieren den Raum; wir lesen diesen Text und ignorieren die Buchseite; wir sehen einen Film und ignorieren die Leinwand. Doch es ist offenkundig, dass der ignorierte Raum, die ignorierte Seite und Leinwand für unsere Beobachtung ebenso fundamental sind wie die Sterne, der Text und der Film, die unsere Aufmerksamkeit fesseln. Dies ist ein wichtiger Punkt, da das Funktionieren der Aufmerksamkeit oft mit dem GEWAHRSEIN verwechselt wird. Aufmerksamkeit funktioniert, indem sie etwas in Kontrast zu etwas anderem bemerkt, das unbemerkt bleibt, während GEWAHRSEIN der nonduale Raum ist, der sowohl das Bemerkte als auch das Unbemerkte aufrechterhält. Aufmerksamkeit mag Bemühung verlangen, GEWAHRSEIN ist einfach. Alles, was auftritt, ist in diesem GEWAHRSEIN enthalten und davon umfangen, einschließlich der Objekte, die wir als «da draußen» vorhanden wahrnehmen (Felsen, Autos, andere Lebewesen), sowie unserer Gefühle, Gedanken und Empfindungen, die wir als «hier drinnen» erfahren. In diesem Sinne ist GEWAHRSEIN ebenso im Körper-Geist, wie der Körper-Geist im GEWAHRSEIN ist. Man könnte den Vergleich eines Tontopfes heranziehen, der Raum enthält und zugleich im Raum enthalten ist. Wird der Topf zerbrochen, so hat das keinerlei Einfluss auf den Raum.

So ähnlich ist es auch mit dem GEWAHRSEIN: Wenn der Körper-Geist-Organismus stirbt, geschieht mit dem GEWAHRSEIN gar nichts. Wenn Sie sehen, dass Sie dieses GEWAHRSEIN sind, dann sehen Sie, dass Sie niemals geboren wurden, niemals gelebt haben und niemals sterben werden. Sie *sind* das lebendige GEWAHRSEIN, das der klare und offene Raum ist, in dem und aus dem alles auftaucht, einschließlich Ihres Körper-Geistes und Ihrer Empfindung einer Individualität. Ganz gleich wohin Sie den Punktscheinwerfer Ihrer Aufmerksamkeit auch richten, das Flutlicht Ihres GEWAHRSEINS ist bereits dort. Es ist aller Dinge und Vorgänge gewahr – Ihres ein- und ausfließenden Atems, des plötzlichen Geräuschs, des Lichtes und des Spatzen, der auf der anderen Seite des Erdballs vom Himmel fällt. REINES GEWAHRSEIN ist unkonditioniert und ohne Attribute, es ist einfach gegenwärtig, ohne Anfang oder Ende, und es bedarf keinerlei Anstrengung von Ihrer Seite. Wenn Sie sich anstrengen, dann ist das GEWAHRSEIN anstrengungslos dessen gewahr. Alles, was entsteht, ist sein Inhalt, aber es ist davon genauso wenig berührt, wie ein Spiegel von dem berührt ist, was er widerspiegelt. Und wie der Spiegel, macht auch das GEWAHRSEIN keinerlei Anstrengung, irgendetwas zu akzeptieren oder zurückzuweisen. Es urteilt nicht und bezieht keinen Standpunkt, denn es umfasst alle möglichen Standpunkte. Der folgende zenbuddhistische Spruch illustriert das:

Die Wildgänse werfen nicht absichtlich ihren Widerschein;
Das Wasser hegt nicht den Wunsch, ihr Bild aufzunehmen.[23]

Wenn dieser Text das, was im Wesentlichen eins ist, in REINES GEWAHRSEIN und seinen Inhalt aufzuspalten scheint, so liegt das nur an der dualistischen und linearen Natur der Sprache. In Wirklichkeit gibt es eine solche Dualität nicht.

In dieser dualistischen Beschreibung steht GEWAHR-
SEIN für das Unvergängliche, während die Erscheinungen im GEWAHRSEIN das Vergängliche darstellen – aber
das sind in Wirklichkeit nur die beiden Seiten einer
einzigen Medaille. Doch selbst wenn wir von «zwei
Seiten» sprechen, benutzen wir immer noch Etiketten
für *ein* undefinierbares Etwas. Vielleicht wäre es eine
geeignetere Metapher zu sagen, dass die Höhe eines
Berges die Tiefe des Tales *ist*.

REINES GEWAHRSEIN braucht nichts anderes als sich
selbst, um das zu sein, was es ist. Im Widerspruch zu
dem, was die Logik vorschreibt, braucht es kein Objekt außerhalb seiner selbst, dessen es gewahr wäre.
Eine andere Möglichkeit, dies auszudrücken, wäre,
dass GEWAHRSEIN sowohl das Subjekt als auch das Objekt ist. GEWAHRSEIN als solches ist SELBST-leuchtend. Es
ist eine SELBST-erhaltende, SELBST-gewahre Rückkoppelungsschleife, die durch den Gebrauch der Sprache
scheinbar in Subjekt/Objekt, in Schöpfer und Geschaf-
fenes oder GEWAHRSEIN und dessen Inhalt aufgespalten
wird. Die Hindus illustrieren das mit dem Bild einer
Spinne, die ihr Netz aus ihrem eigenen Körper her-
vorbringt, die darin spielt und es dann wieder in sich
selbst zurückzieht.

Das SELBST produziert die große Show des sich ent-
faltenden kosmischen Dramas, betrachtet sie und tritt
selber darin auf, so wie eine Träumende gleichzeitig
ihren Traum produziert, ihm zuschaut und darin auftritt. Sie, ich, das Buch, der Sessel und die Terroristen
in den Nachrichten sind alle Variationen der Art und
Weise, wie das GEWAHRSEIN sich selbst erscheint, ge-

nauso wie die Menschen, das Haus, der Sonnenaufgang und die Ungeheuer, die in einem Traum erscheinen, alle aus demselben Traumstoff gemacht sind.

In dem Aspekt des Zuschauers seiner selbst wird das GEWAHRSEIN «der Zeuge» genannt, derjenige, der die Show betrachtet.

Die Verlagerung

Vielleicht sind Sie mit dem Konzept des «Zeugen» bereits vertraut. Der Zeuge wird durch eine Verlagerung des Schwerpunkts vom zeitgebundenen Inhalt des Gewahrseins hin zum Reinen Gewahrsein erkannt – also vom Konzept der Identifizierung als eines abgetrennten persönlichen Ichs hin zum klaren, offenen Raum, in dem Gefühle, Gedanken und alle anderen Dinge ohne jede Anstrengung entstehen. In gewisser Weise kommt dieses Zeugesein «vor» Ihren Gedanken und Gefühlen, auch wenn es eigentlich unmöglich ist, ihm einen Ort in Raum und Zeit zuzuweisen. Es befindet sich immer genau im Zentrum aller Phänomene, liegt diesen zugleich zugrunde und überwacht sie. Wir erhaschen oft für einen Moment einen Zipfel von diesem Zeugesein – und verlieren es dann scheinbar wieder. Solche kurzen Einblicke mögen sich anfühlen wie die etwas überraschten und noch unsicheren Momente, die man erfährt, wenn man gerade Fahrradfahren lernt: «Hoppla, ich *kann* es ja!» Und wie Sie wohl gemerkt haben, führt eben dieser Gedanke oft dazu, wieder die Balance zu verlieren.

Der unpersönliche Zeuge kann selbst nicht wahrgenommen werden, so wie das Auge sich selbst nicht direkt sehen kann. Der Zeuge ist aller Gedanken gewahr und geht diesen voraus, einschließlich des Gedankens, dass es ein Individuum gibt, welches Zeuge sein kann.

Das ist auch der Grund, warum die Identifikation mit einem «Ich» in dem Gedanken «Hoppla, ich *kann* es ja!» die Rückkehr des illusorischen «Ich» darstellt. Wir könnten das eine Verlagerung des Schwerpunkts vom Zeugen zurück zum Ich nennen, den Übergang von der Identifizierung mit dem GEWAHRSEIN zur Identifizierung mit dessen Inhalt. Was da aus dem Gedanken «Hoppla, ich *kann* es ja!» resultiert, ist allerdings nur eine scheinbare Verlagerung. Wir sind nämlich dermaßen an die grammatikalische Struktur des Denkprozesses gewöhnt, der das Denken in einen Denker und seine Gedanken aufspaltet, dass wir völlig vergessen, dass das Ich oder Ego selbst ein Teil des Gedankenstroms ist. Der Gedanke «Hoppla, ich *kann* es ja!» enthält jenes «Ich», das vermeintlich ein davon getrenntes «es» *kann*. Weil dieses «Ich» selbst ein Teil des Gedankenstroms ist, kann es selber niemals wirklich zum Zeugen dieses Stroms gelangen.

Gleichzeitig aber *sind* Sie jenseits der Ich-Illusion der undefinierbare, ungreifbare Zeuge, der das Kommen und Gehen aller Gedanken sieht, einschließlich des «Ich» in «Hoppla, ich *kann* es ja!». Dieses Ich oder Ego halten wir oft für eine bewusste Wesenheit. In Wirklichkeit ist jedoch nicht das Ego bewusst, sondern der Zeuge ist des Egos gewahr.

Wir müssen hier sehr aufpassen. Wenn wir darüber sprechen oder daran denken, können wir nämlich leicht vergessen, dass wir sogar den Zeugen auf diese Weise zu einem Konzept machen, das als solches ein Teil des vom Zeugen betrachteten Gedankenstroms ist. Es ist ein subtiles Konzept, aber nichtsdestoweniger ein Konzept. Wenn wir es als einen Bereich zwischen dem Konzept des REINEN GEWAHRSEINS und dem des Egos verstehen, kann es zu einer Falle werden – dann nämlich, wenn wir es als eine Entschuldigung dafür benutzen, uns von unseren Gefühlen und alltäglichen Erfahrungen zu dissoziieren. «Nun ja, das bin gar nicht ich, der da schlecht gelaunt ist. Ich beobachte das alles nur.» Wenn wir das Konzept des Zeugen dazu benutzen, das schmerzliche Gefühl dieser Laune zu vermeiden, und versuchen, es in eine Laune zu verwandeln, die wir mögen, dann sind wir schon wieder mit einem «Ich» identifiziert, welches sich die Dinge anders wünscht, als sie sind, und damit die Vorstellung bestärkt, dass es solch ein unabhängiges «Ich» wirklich gibt.

Zeugesein ist nicht etwas, zu dem wir fortschreiten. Es geht dabei nicht um Selbstverbesserung oder Bewusstseinszustände. Vielmehr geht es darum, das zu erkennen, was bereits vollkommen gegenwärtig ist; diese Präsenz betrachtet sowohl das «Ich» als auch seine Zustände, während sie zugleich davon völlig unberührt bleibt. Sehen wir dieses Zeugesein jedoch nur als eine neue Weise, uns wohl fühlen zu können, so stehen wir damit wieder auf Feld eins. Statt uns mit der Vorstellung des Ich zu identifizieren, haben wir uns nun mit der Vorstellung des Zeugen identifiziert – und das ist immer noch eine unabhängige, identifizierte Wesenheit, nur in einem anderen Gewand. Aus dieser besser abgepolsterten Perspektive verrennen wir uns nur allzu leicht wieder in dieselbe alte Illusion. Sobald der Zeuge zu einem Objekt oder zu einer Vorstellung geworden ist, wird er zu einem Teil des vom Zeugen Betrachteten. Der wahre Zeuge kann nie zu einem Objekt der Erfahrung werden, sondern bleibt immer das, was der Erfahrung gewahr ist. Objektiviert, wird er zu einem «neuen Ego»; nichtobjektiviert, verschmilzt er mit dem REINEN GEWAHRSEIN, dem, was uns so nah ist, dass wir es niemals erreichen können, und was man mit einem Pfeil vergleichen könnte, der in alle Richtungen zeigen kann, nur nicht auf sich selbst.

All das hier Gesagte könnte uns vergessen machen, dass die Wirklichkeit des REINEN GEWAHRSEINS weder eine Abstraktion noch etwas weit Entferntes ist, sondern die Quintessenz von diesem, wie es ist. Es ist uns vollkommen vertraut – so sehr, dass es richtiger wäre zu sagen, dass wir es *sind*. Es ist unser wahres Sein. Es ist offen, klar und präsent, und doch entzieht es sich allen Versuchen des Verstandes, es in begriffliche Strukturen zu fassen.

Vielleicht lässt sich dieses scheinbare Paradoxon dadurch verständlicher machen, dass wir es mit etwas vergleichen, das wir alle unmittelbar kennen: dem Raum. Uns alle umgibt dreidimensionaler Raum. Man kann diesen Raum nicht lokalisieren, und doch ist er es, in dem alles lokalisiert werden kann. Wir sehen ihn überall, aber wir können nicht beschreiben, wie er aussieht. Er hat keinen Geschmack, keine Form, keine Farbe oder Substanz. Man kann ihn nicht zerschneiden, beschädigen oder ergreifen, und doch kennen wir ihn ganz intim als das, worin alles erscheint. Dasselbe gilt für das GEWAHRSEIN. Sie, der Sie dieses raumgleiche

GEWAHRSEIN sind, sind nicht in der Welt, sondern die Welt existiert in Ihnen.

Shrî Nisargadatta Mahâraj formuliert das sehr schön:

Sie sehen sich selbst in der Welt, während ich die Welt in mir sehe. Aus Ihrer Sicht werden Sie geboren und sterben, während für mich die Welt erscheint und verschwindet.[24]

Das «Ich», von dem der Mahâraj hier spricht, ist offensichtlich nicht das abgetrennte, vergängliche Ich, welches Alan Watts das «in Haut eingekapselte Ego» genannt hat. Es ist vielmehr das uns ganz vertraute Mysterium des unpersönlichen SELBST, das als alles, was ist, lebt und sich manifestiert. Es ist das «Eine ohne ein Zweites», der Zeuge, der nicht bezeugt, und der Erkennende, der nicht erkannt werden kann.

Im Vorwort zur ersten Auflage von Shrî Krishna Menons *Atma-Darshan* fand ich die folgende Beschreibung:

Lebewesen nehmen Objekte vermittels des Sonnenlichtes wahr. Darum projizieren sie die Funktion, Objekte zu erhellen, auf die Sonne. Auf dieselbe Weise offenbaren Gedanken und Objekte sich im Bewusstsein. Wird die Funktion des Offenbarens auf das Bewusstsein projiziert, dann wird es zum Zeugen. Tatsächlich aber leuchtet das Bewusstsein aus sich selbst. Licht oder Offenbarung ist seine eigentliche Natur und nicht seine Funktion oder Eigenschaft.[25]

Sie sind wahrhaft dieses Bewusstsein! Und wie überall in diesem Text möchte ich Sie ermutigen, das ganz
wörtlich zu nehmen: Wenn es nur EINS gibt, dann ist
das alles, was es gibt, und Sie können nur *das* sein –
nicht ein Teil und nicht ge-teilt davon, sondern Es!
Lassen Sie sich nicht irremachen von der magischen
Reflexion des Mondes, der von tausend Seen gespie-
gelt wird. Es ist und bleibt derselbe eine Mond. Und
lassen Sie sich ebenfalls nicht von der Illusion der Vielfalt hypnotisieren. Es ist und bleibt das eine SELBST, das
nur als die vielen *erscheint*: etwas Nichtdingliches, das
Zeuge dieser Manifestation ist, sie widerspiegelt, erzeugt, zerstört, enthält und erhält.

Kein Verdienst, keine Schuld, keine Schande, kein Ruhm

Während ich hier am Computer sitze und diese Worte schreibe, werde ich der Empfindung von Durst gewahr. Gleichzeitig kommt der Gedanke: «Eine Tasse Tee wäre jetzt schön.» Das alles geschieht spontan, ohne dass ich mich erst entschließen muss, durstig zu sein und dann an Tee zu denken.

Wenn Sie Ihren Geist beobachten, dann werden Sie sehen, dass Gedanken ganz von selbst entstehen. Bitte akzeptieren oder verwerfen Sie das hier Gesagte nicht einfach. Wenn Sie ehrlich beobachten und nachforschen, wird deutlich werden, dass Sie nicht der Denker Ihrer Gedanken sind. Dieses Kapitel wird zu zeigen versuchen, dass Sie auch nicht der Täter Ihrer Taten sind. Das mag Ihren tiefsten Überzeugungen und Annahmen widersprechen; deshalb möchte ich Sie bitten, jedes Urteil, das als Reaktion auf diese Aussage auftauchen mag, einmal beiseite zu lassen und sich anzusehen, was hier wirklich angeboten wird.

Alle scheinbaren Beschlüsse und Entscheidungen sind Gedanken. Wenn wir auf einen Gedanken hin zur Tat übergehen, fühlt sich das an wie eine Entscheidung, und mit unserer Sprache bezeichnen wir es auch als *Entscheidung*. Aber «Entscheidung» bringt in Wirklichkeit nur zum Ausdruck, welcher Gedanke vorherrschend auftaucht. Ich habe mich nicht für das starke Verlangen nach einem Tee entschieden, und ich habe mich auch nicht für den noch stärkeren Wunsch entschieden, zuerst den Abschnitt zu Ende zu schreiben, sondern das geschieht einfach spontan. Damit soll nicht gesagt sein, dass ich eine Maschine ohne freien Willen wäre. Es gibt hier in Wirklichkeit gar kein Individuum, dem ein freier Wille fehlen könnte. Der Gedanke eines «Ich» und die Gedanken von Tee und von Weitertippen entfalten sich einfach als Manifestation der belebenden Energie REINEN GEWAHRSEINS.

Aus dieser Perspektive betrachtet, haben Sie das Gefühl, dass das Leben einfach durch Sie und als Sie lebt, denkt und handelt. Die Daoisten nennen dies *wu wei*, was sich als «Nichttun» übersetzen lässt. Dies meint kein Nichttun im Sinne von Leblosigkeit, sondern dass alles – einschließlich Ihrer Gedanken und Handlungen – natürlich und «von selbst» (chin.: *ziran*) geschieht. Laozi beschreibt das im *Daodejing* folgendermaßen:

> *Das Dao ist ewig ohne Tun,*
> *Und doch bleibt nichts ungetan.*[26]

Und an anderer Stelle:

> *Wer das Lernen übt, vermehrt täglich.*
> *Wer das Dao übt, vermindert täglich.*
> *Er vermindert und vermindert,*
> *Bis er ankommt beim Nichttun.*
> *Beim Nichttun bleibt nichts ungetan.*[27]

Und der Buddha sagte:

Leiden existiert, aber niemand, der leidet.
Es gibt die Tat, aber nicht ihren Täter.

Wir kennen alle das Gefühl, im Fluss der Dinge zu sein. Zu solchen Zeiten verlieren wir uns in unserem Tun. Schriftsteller machen häufig die Erfahrung, dass die Wörter sich einfach auf die Seite zu ergießen scheinen und sie keine Ahnung haben, was die nächste Zeile sein wird, bis sie sie schreiben. Auch viele Athleten kennen Momente, in denen plötzlich etwas umschlägt und sie Leistungen erbringen, die ihre normalen Fähigkeiten überschreiten. Im Liebesakt gibt es manchmal Momente, in denen die Liebenden zu einer Einheit verschmelzen, die keine getrennte Individualität kennt. Und wie ist das mit den gerade noch abgewendeten Unfällen auf der Autobahn, wobei Sie sich hinterher fragen, wer da den Wagen gesteuert hat? Ich bin mir sicher: Wenn Sie darüber nachdenken, werden Sie sich an etliche Erfahrungen erinnern, in denen Sie sich selbst vergessen haben und alles auf wunderbare Weise von selbst zu geschehen schien.

Diese Art des Vergessens ist etwas ganz anderes, als wenn Sie den Geburtstag Ihres Freundes vergessen oder wenn Sie nicht mehr wissen, wo Sie Ihre Brille hingelegt haben. Es ist auch nicht die Geistesabwesenheit, die durch zu viel Schnaps oder Beruhigungsmittel herbeigeführt wird. Es ist ein Vergessen, das hellwach und lebendig ist. Wenn wir uns selbst im Fluss verlieren, so gibt uns das einen Vorgeschmack auf das, was man das «Tun des Nichttuns» nennt.

Alle Werke werden von den Gunas (oder der Energie und Macht) der Natur getan, doch aufgrund der Verblendung des Ich halten die Menschen sich für den Täter.[28]

Auch wenn es ein wundervolles Gefühl ist, sich im Fluss zu befinden, kann die Idee, dass unsere Tätigkeiten von selbst geschehen statt durch unseren freien Willen, doch recht verstörend sein. Das gilt besonders für unsere westliche Auffassung, die dazu neigt, den freien Willen entweder als eine Eigenschaft anzusehen, die der uns so teuren Individualität inhärent ist, oder als ein Geschenk beziehungsweise eine Prüfung Gottes, der sehen will, ob wir stark genug sind, das Richtige zu tun. Ob er das Rechte zu tun vermag oder nicht, ist für den Atheisten vielleicht ein Maßstab für wahren Charakter; für den religiösen Menschen steht jedoch mehr auf dem Spiel, da für ihn die Qualität seines Lebens nach dem Tode davon abhängt.

Vom Standpunkt des freien Willens gesehen, spricht einiges gegen die Idee, dass da etwas durch uns lebt. Diese Idee scheint uns zu bloßen Marionetten zu machen und eine Hilflosigkeit zu implizieren, die schwer zu akzeptieren ist. Wenn nichts, was wir tun, tatsächlich unser eigenes Handeln ist, steht außerdem zu befürchten, dass die Leute das als Entschuldigung für unerwünschtes Verhalten anführen. Bei einer solchen Argumentation wird allerdings übersehen, dass *jegliches* Handeln dem einen SELBST entspringt, das als die Vielfalt der Charaktere erscheint, die scheinbar denken, handeln und Entscheidungen treffen. Unerwünschtes Handeln auf dieser Grundlage zu entschuldigen, funktioniert einfach nicht, weil das Handeln dennoch Konsequenzen haben wird. Sie mögen einwenden, dass der Gedanke, Ihren Arbeitgeber zu bestehlen, einfach aufgestiegen ist und Sie deshalb dafür nicht verantwortlich sind. Aber dann ist auch Ihr Arbeitgeber nicht für den Gedanken verantwortlich, der ihn dazu brachte, Sie zu entlassen und gerichtliche Schritte gegen Sie einzuleiten.

Letztlich ist das Ego eine Illusion; man kann ihm also nicht den freien Willen nehmen, und es kann auch kein Opfer der Vorbestimmung sein. Das Ego ist weder der Täter noch der Nichttäter; es hat einfach keine Existenz unabhängig vom SELBST, so wie eine Romanfigur nicht unabhängig von dem Autor besteht, der ihr Gestalt verleiht. Sämtliche Figuren einer Geschichte entspringen der Vorstellung des Schriftstellers. Wenn wir verstehen, dass wir alle auf ähnliche Weise aus dem REINEN GEWAHRSEIN entstehen, dann wird augenblicklich klar, dass es niemanden gibt, dem man den freien Willen nehmen könnte. In dem Augenblick, in dem die Sichtweise des Egos fallen gelassen wird, kommt es zur befreienden Erkenntnis, dass *eine* göttliche Energie sich spontan *als* wir manifestiert. Da ist dann niemand mehr, der ein Gefühl der Hilflosigkeit erfahren könnte, und es ist offensichtlich, dass Hilflosigkeit auch wieder nur ein Gedanke ist.

Wie es auch der Apostel Paulus ausdrückte:

Ich lebe, doch nun nicht ich, sondern Christus lebt in mir. (Gal. 2.20)

Wenn wir sagen, das Ego solle fallen gelassen werden, so besteht das Paradoxon darin, dass natürlich niemand dieses Fallenlassen machen kann, der nicht Täter ist. Was also geschieht, ist eher ein Wegfallen, das sich zu seiner Zeit ereignet und nichts anderes ist als die unpersönliche Anerkennung der illusorischen Natur des Egos. Und auch wenn diese Erkenntnis von selbst kommt – oft wird sie als Gnade bezeichnet –, ist sie nicht etwas, auf das man warten sollte. Warten ist nämlich nur eine andere Art des Versuches, es zu erlangen, und das lässt nur die Illusion fortdauern, da gebe es wirklich *jemanden*, der *etwas* erlangen sollte.

Akzeptieren wir allerdings intellektuell die Idee, dass wir dies besser nicht versuchen sollten, so führt das oft dazu, dass wir versuchen, es nicht zu versuchen. Das ist das, was man in der Psychologie einen *double bind* nennt. In der Umgangssprache ausgedrückt: «Wie man es macht, macht man es falsch.»

Tatsächlich spüren wir, dass wir uns in einer solchen Double-bind-Situation befinden, wenn wir versuchen, willentlich etwas Unangenehmes zu vergessen. So etwas kommt sehr häufig in allen möglichen Selbstverbesserungsprojekten vor und kann zu bizarren Gedankenmustern wie den folgenden führen:

- *Ich werde meine Gewohnheit ändern, mich selbst und andere zu korrigieren.*
- *Ich werde Intoleranz nicht länger hinnehmen.*
- *Ich werde mich aufrichtig darum bemühen, entspannter zu werden.*
- *Ich kann es kaum erwarten, geduldiger zu werden.*

- *Ich werde mich ins Zeug legen, um spontaner zu sein.*
- *Ich werde ernsthaft an meinem Sinn für Humor arbeiten.*
- *Ich entschließe mich, in ganz naher Zukunft das, was gerade jetzt ist, vermehrt anzunehmen.*

Nun gut, ich übertreibe hier vielleicht ein wenig, aber das tue ich nur, um das Prinzip aufzuzeigen, das in den Widersprüchen zu Tage tritt, die entstehen, wenn das Ego sich vornimmt, besser angepasst, entspannter oder toleranter zu werden. Solange wir daran glauben, dass es ein Ich gibt, das wir entweder verbessern oder loswerden können, und solange wir an der Verbesserung oder Eliminierung dieses Ich arbeiten, werden wir der Illusion Vorschub leisten. Es ist, als schauten wir in einen Spiegel und sähen unser Gesicht. Versuchen wir das Gesicht zu entfernen, indem wir den Spiegel sauber wischen, so bringt das gar nichts. Gehen wir einfach fort, dann ist das Gesicht zwar nicht mehr im Spiegel, aber das sehen wir dann nicht. Alles, was wir wissen, ist, dass das Gesicht immer dann da ist, wenn wir nachsehen, und so könnten wir auf die Idee kommen, dass wir einfach noch länger wischen müssen. Allerdings «vergessen» wir im Laufe des Tages immer wieder nachzusehen, und in solchen Momenten sind wir ganz ohne die Empfindung eines Ich. Allerdings bemerken wir das in diesen Momenten nicht, da ja eben kein «Ich» vorhanden ist, das die Abwesenheit eines Ich bemerken könnte.

Die trügerische Empfindung eines persönlichen

Selbst ist ein komplexes System von Gedanken, von Erinnerungen, die eine Sonder-Art von Gedanken sind, von Gefühlen und Konditionierungen. Diese mentale Struktur kann im Körper-Geist sogar bestimmte Empfindungen hervorrufen, zum Beispiel gewohnheitsmäßige Muskelspannungen oder Nervenreaktionen, die die Wahrnehmung der Illusion als Realität unterstützen. Wir könnten argumentieren, dass etwas, das gefühlt und wahrgenommen wird, auch existieren muss. Es ist ganz in Ordnung, diese Position zu vertreten, aber dann sollten Sie auch erkennen, dass die Ich-Illusion weniger in dem besteht, was wir als das Ego bezeichnen, als vielmehr in unserer Identifikation damit. So könnten wir auch sagen, dass das Trugbild einer Oase in der Wüste tatsächlich existiert, wenn wir es wahrnehmen, oder wir könnten sagen, dass es nicht existiert. Die Fata Morgana wird nur dann zu einem Problem, wenn wir sie nicht als das erkennen, was sie wirklich ist, und erwarten, dort Wasser zu finden.

Erkennen Sie, dass Sie nicht auf dieses Ego genannte Trugbild beschränkt sind. Sie sind das, was als das Ich erscheint und zugleich des Ich gewahr ist. Das Ich-Konzept ist der Syntax, die wir zum Denken und Sprechen benutzen, inhärent. Zu denken, «Ich habe ein Ego», ist nur ein Gedanke, aber zu denken, «Ich habe kein Ego», ist das genauso. Beide Gedanken enthalten ein «Ich» in Verbindung mit dem «Ego», und beide erscheinen und verschwinden wieder, ohne die geringste Spur im Spiegel des REINEN GEWAHRSEINS zu hinterlassen. Hören Sie auf nachzuschauen, und es ist verschwunden.

Als einst ein Schüler Shrî Âtmânanda fragte: «Wann werde ich es erreichen?», antwortete dieser: «Wenn das *Wann* aufhört.» Normalerweise fragt der Geist dann: «Und wann wird das sein?» Die Antwort kann nur sein: «Genau hier und jetzt!» Das besagt tatsächlich, dass Sie nicht auf eine Gnade warten müssen, die Sie befreit. Sie sind bereits frei. Wenn ich sage, dass Sie nicht auf diese Freiheit zu warten brauchen, will ich Sie damit nicht schon wieder in eine Double-bind-Situation manövrieren, in der Sie vielleicht versuchen, das Versuchen aufzugeben, oder in der Sie darauf warten, dass das Warten aufhört. Es ist einfach nur eine Erinnerung daran, dass der stille Raum des REINEN GEWAHRSEINS bereits ist. Er sieht und enthält das Lesen dieser Worte und das Auftauchen von Gedanken, die dann als «Ihre» Gedanken identifiziert werden. Er ist in der und vor der Aktivierung Ihrer Sinne, und er ist verfügbar als alles, was sich in genau diesem Augenblick präsentiert. Wird das akzeptiert, dann offenbart sich, was Sie wahrhaft sind. Hinter dem Schleier der Ignoranz (des Nicht-wissen-Wollens) *sind* Sie die/der ERWACHTE[29], die/der dieser wunderbaren Show der Manifestation gewahr ist und zugleich in dieser und als diese erscheint. Sie sind zugleich GEWAHRSEIN und die Totalität seiner Inhalte.

Lassen Sie mich noch einmal betonen, dass es an der Begrenztheit der Sprache liegt, wenn ich hier zu sagen scheine, dass es einerseits GEWAHRSEIN und andererseits dessen Inhalte gibt. In Wahrheit gibt es hier nichts als Einheit, eine Einheit, die der Dualität von Dualität und Nondualität vorausgeht und diese enthält. Es gibt keine individuelle Wesenheit, die es begreifen oder nicht begreifen könnte; es gibt nur dies. Es gibt jetzt kein Ego, das von Schuld beladen sein oder sich in individueller Glorie sonnen könnte, noch hat es jemals eins gegeben. Kein Verdienst, keine Schuld, keine Schande, kein Ruhm – all das geht über Bord, sobald Gedanken, Gefühle, Entscheidungen und Handlungen als etwas erkannt werden, das spontan aus dem Brodeln des Lebens entsteht.

Wenn Sie das nicht glauben können und immer noch davon überzeugt sind, ein getrenntes Individuum zu sein, das Kontrolle über sein Leben hat, dann machen Sie das folgende kleine Experiment: Entschließen Sie sich genau in diesem Augenblick, Freude zu empfinden, und empfinden Sie sie. Denken Sie dann an das Gericht, das Sie am wenigsten mögen, und haben Sie für die nächsten fünf Minuten großen Appetit darauf. Führen Sie sich Ihre Einstellung zur Todesstrafe vor Augen und ändern Sie sie. Und schließlich fragen Sie sich, was Ihr nächster Gedanke sein wird, und sehen Sie, ob Sie ihn vorhersehen können. Während Sie damit beschäftigt sind, dies zu tun, oder vielleicht einen Gedankenstrom pflegen, der dies als Unsinn zurückweist, entfaltet sich das göttliche Spiel des Lebens auf magische Weise von selbst.

Sie werden sehen, dass Ihre Fähigkeit, mit dem Alltagsgeschäft des Lebens umzugehen, durchaus nicht beeinträchtigt wird, wenn sich Ihr Anspruch auf die Urheberschaft von Gedanken, Gefühlen und Tätigkeiten auflöst. Ganz im Gegenteil – das Leben wird weniger stressig. Wenn die Person, für die Sie sich gehalten haben, als Traumfigur weiter besteht – als eine der vielen Rollen, die der universale Schauspieler annimmt –, dann brauchen Sie sich nicht mehr darum zu bemühen, irgendeinen Anschein aufrechtzuerhalten, Sie müssen niemandem mehr gram sein und es hat keinen Zweck, sich Sorgen über eine imaginäre Zukunft zu machen.

Um es noch einmal zusammenzufassen: Wenn Sie nicht glauben, dass Sie mehr sind als die eingeschränkten Rollen, die Sie spielen, dann fallen Sie auf eine Illusion herein; wenn Sie aber erkennen, dass Sie der eine Schauspieler sind, der all diese Rollen spielt, so ist das Befreiung.

In diesem Zusammenhang ist es interessant, sich daran zu erinnern, dass das Wort «Person» sich von den Masken des antiken griechisch-römischen Theaters ableitet: Per-sona, das, wodurch (per) der Klang (sona) ertönt.

Üben oder nicht üben?

Das vorangegangene Kapitel über die Frage, ob es einen «Täter» gibt oder nicht, mag Fragen über den Sinn einer spirituellen Praxis bei Ihnen aufgeworfen haben. Ist eine spirituelle Praxis überhaupt sinnvoll? Kann sie zu Freiheit, Erleuchtung oder SELBST-Verwirklichung führen, oder bringt sie überhaupt nichts?

Zuerst einmal möchte ich sagen, dass alles, was für Sie auftaucht, angemessen ist. Es ist, wie es ist, und als solches ist es die Weise, auf die sich das SELBST in diesem Moment manifestiert. Gerade jetzt, in diesem Augenblick, ist es für Sie das Richtige, diese Worte zu lesen, und die Worte werden irgendeine Wirkung haben oder nicht.

Auch wenn es in diesem Kapitel vor allem um Meditation geht, trifft das Gesagte auf die spirituelle Praxis im Allgemeinen zu.

Wenn Sie jemand sind, der sich eifrig in Meditation übt – und besonders wenn Sie das tun in der Hoffnung, dieses Vorgehen werde Sie zur Erleuchtung führen, und Sie sehr viel Zeit und Mühe in die Meditation investiert haben –, werden Sie das, was Sie jetzt lesen werden, vielleicht nicht gern hören. Vielleicht haben Sie bereits viel Geld für Bücher und Kurse ausgegeben. Und vielleicht verdienen Sie als Autor entsprechender Bücher oder jemand, der solche Kurse gibt, mit der Meditation sogar Ihren Lebensunterhalt.

Wenn Sie in der Absicht, Erleuchtung zu finden, sehr viel in diese Praxis investiert haben, dann werden Sie Mut und einen offenen Geist brauchen, um das annehmen zu können, was ich jetzt darlegen werde. Es ist weder als ein Urteil noch als Entmutigung gedacht, sondern lädt Sie dazu ein, eine Abkürzung zur SELBST-Verwirklichung einzuschlagen, genau hier und eben jetzt. Vergessen Sie nicht: Mit SELBST-Verwirklichung meine ich nicht etwas, das Sie erlangen oder erreichen müssten. Schließlich gibt es einen Grund dafür, dass man von SELBST-Verwirklichung spricht und nicht von SELBST-Verbesserung, SELBST-Erreichen oder SELBST-Erlangen. SELBST-Verwirklichung meint einfach die Erkenntnis dessen, was Sie bereits und wahrhaft sind.

Meditation als Übung kann zu Entspannung, zur Beeinflussung von Gehirnwellen und zu veränderten Bewusstseinszuständen führen. Als solche kann sie bei der Heilung eine Rolle spielen und uns wundervolle Erfahrungen bescheren – aber das ist es nicht, worum es bei der SELBST-Verwirklichung geht. Es geht auch nicht um das «Ich», das solche Erfahrungen hat, sich an die Erfahrungen erinnert und sie interpretiert. Wenn es bei der SELBST-Verwirklichung um irgendetwas geht, dann um den gewahren Raum, in dem die Illusion eines getrennten «Ich» und seiner Erfahrungen auftaucht. Meditation oder auch jede andere spirituelle Praxis kann niemals zu dem führen, was *ist*. Das erinnert mich an eine Geschichte über den Zen-Meister Mazu Daoyi (709–788):

Eines Tages sah Meister Nanyue Huairang seinen

116

Schüler Mazu meditierend dasitzen und fragte ihn:
«Was machst du da?»
Mazu antwortete: «Ich sitze, um zu einem Buddha
zu werden.»
Nanyue nahm eine Ziegelscherbe vom Boden auf
und begann sie an einem Felsen zu polieren.
Mazu fragte, was er da tue.
Nanyue antwortete: «Ich poliere den Ziegel, um
einen Spiegel daraus zu machen.»
Mazu fragte: «Wie könnte man durch Polieren
einen Spiegel daraus machen?»
Nanyue entgegnete: «Wie könnte man durch
Sitzen zu einem Buddha werden?»

Wenn Meditation geschieht, dann ist sie das, was gerade ist, und daran ist gewiss nichts falsch, besonders wenn Sie Freude daran haben, so wie Sie Freude daran haben, zu tanzen oder Musik zu hören. Genauso wie diese Aktivitäten bringt Ihnen Meditation den Nutzen, den sie Ihnen bringt.

Es mag einem Schüler der Meditation geschehen, dass er seine wahre Natur sieht, aber diese Klarheit ist auch zu vielen anderen gekommen, die niemals in einem formellen Sinn meditiert haben. Die Sache geht schief, sobald Menschen durch Meditation eine mystische Erfahrung machen, diese mit Erleuchtung verwechseln und dann andere das Meditieren lehren, damit sie auf die gleiche Weise «erleuchtet» werden. Erleuchtung ist keine Erfahrung, und sie ist auch nicht das Ergebnis des Fortschreitens auf einem Pfad, bei dem man sich dem erstrebten Ziel Schritt für Schritt annähert. Ein solches Fortschreiten auf einem Pfad mag in strenger Praxis und Disziplin bestehen, aber sich selbst zu disziplinieren und einzuschränken, um frei zu sein, ist nutzlos. Es ist ein Versuch, das Versuchen loszuwerden, ein Tun, durch das man zum Nichttun gelangen will und hinter dem das Motiv steht, aller Motive ledig und von ihnen frei zu werden.

Andererseits ist Meditation allein aus Liebe zur Meditation ein Ausdruck von Freude. Sie kann überall und in jedem Moment geschehen und ist nicht auf eine spezifische Tageszeit beschränkt, zu der man in einer bestimmten Position dasitzt und den Atem beobachtet oder ein Mantra wiederholt. Meditation wird nicht aus einer Bedürftigkeit heraus praktiziert, sondern ist eine durchgängige Offenheit für den immer präsenten stillen Raum des GEWAHRSEINS und eine Feier dieses GEWAHRSEINS. In Wirklichkeit sind Sie dieses GEWAHRSEIN bereits, und Sie brauchen nicht daran zu arbeiten, zu dem zu werden, was Sie bereits sind. Das einzige, was Sie daran hindert, das eben jetzt zu sehen, ist Ihr Beharren darauf, dass Sie noch nicht *da* sind, dass Sie noch weiter arbeiten, sich reinigen und disziplinieren müssen, um das «gelobte Land der Erleuchtung» zu erreichen.

Niemand konnte mir in irgendeiner Weise helfen. Da ging ich und schulte mich selbst mit großer Entschlossenheit. Ich übte Zazen. Ich ging in die Berge und lebte dort. Ich schulte mich so streng, wie ich nur irgend konnte. Doch es half alles nichts. Ich kam dem Erfassen des Buddha-Geistes nicht näher.[30]

Wenn Sie einfach nur ANHALTEN könnten, dann würden Sie erkennen, dass Sie bereits dort sind – oder vielmehr HIER. Es ist unmöglich, an diesem stets gegenwärtigen Ruhepunkt zwischen Meditation und einfachem Dasein zu unterscheiden. Sobald Sie dies akzeptieren, werden Sie verstehen, warum das Suchen und An-sich-selbst-Arbeiten überhaupt nichts bringen. Sie können zu einem Profi auf dem Gebiet der spirituellen Praxis werden und im Suchen stecken bleiben, indem Sie sich immer wieder darin bestärken, dass dies, *so wie es ist*, irgendwie unvollständig ist und es Ihrer Bemühungen bedarf, um es in Ordnung zu bringen und zu verbessern.

Wenn Sie dies lesen, mag sich Ihnen die Frage aufdrängen: «Ja gibt es denn gar nichts, was wir tun können? Sollen wir einfach nur dasitzen, warten und darauf hoffen, dass die Dinge sich klären?» Die Antwort ist, dass das Warten auf Klarheit immer noch eine separate Identität als Realität voraussetzt und davon ausgeht, dass sich das Erwachen zum GEWAHRSEIN erst in einer imaginären Zukunft aufschließen wird. Wenn es irgendetwas zu tun gibt, dann besteht es darin, dass Sie in diesem Augenblick die Wahrheit dessen, was Sie sind, verifizieren, dass Sie bestätigen, dass GEWAHRSEIN vollkommen gegenwärtig ist und dass dafür keinerlei Bemühung notwendig ist.

Eine gründliche Erkundung wird also zeigen, dass Meditation mit dem Ziel, erleuchtet zu werden, so kontraproduktiv ist wie Kämpfen für den Frieden. Jegliches Bemühen bestätigt und verstärkt nur die Illusion, dass es wirklich etwas von uns Getrenntes gibt, *das noch nicht vorhanden ist.* Doch offensichtlich kann das Zeitlose nicht erst später beginnen, noch ist das ewig Gegenwärtige erst unterwegs zu uns und sein Eintreffen für einen späteren Zeitpunkt in der Zukunft geplant. Es ist genau hier und eben jetzt gegenwärtig. Wenn ich «hier und jetzt» sage, meine ich damit nicht den flüchtigen Augenblick zwischen Vergangenheit und Zukunft, sondern die ewige Gegenwart, die den scheinbaren Fluss der Zeit enthält. Jetzt, in diesem Augenblick, schreibe ich diese Zeilen; und jetzt, in diesem Augenblick, lesen Sie sie. Vielleicht sind Sie sehr darum bemüht, ganz hier und jetzt zu sein – doch könnten Sie denn irgendwo anders sein, selbst wenn Sie es wollten? Selbst wenn Sie mit Ihrem Geist einen Ausflug in die Erinnerung machen, sich in Phantasien verlieren oder irgendein künftiges Ereignis vorwegnehmen, sind Sie doch hier und jetzt. Fragen Sie sich einmal, wie viele Schritte es braucht, um dorthin zu gelangen, wo Sie sind. Und wie viel Zeit braucht es, um in diesem Moment anzukommen? Wie viel Mühe ist notwendig, um das zu sein, was Sie bereits sind?

Für den hingebungsvoll Suchenden mag dies zu einfach aussehen und allzu simpel daherkommen. So ein Mensch liebt es, an Dingen zu arbeiten und das Gefühl zu haben, Fortschritte zu machen. Er liebt Systeme und eine lineare Vorgehensweise. Für ihn mag es so aussehen, als sei Meditation als Übung zur Erlangung von Erleuchtung, Einsicht oder Frieden genau die richtige Fahrkarte. So mag der Suchende die formale Meditation mit ihrer langen esoterischen Tradition für ein nützliches Werkzeug halten, mit dessen

Hilfe er seine Ziele erreichen kann. Er antizipiert bereits den Stolz seiner späteren Errungenschaft und den Glorienschein seines persönlichen Erfolges: «Sieh doch, Mama, kein Ego!»

Ich möchte den Suchenden noch einmal daran erinnern, wie paradox es ist, nach totaler Freiheit und Verwirklichung zu suchen. Seine formale Meditation und jede andere spirituelle Praxis entsteht *in* der Totalität und kann deshalb nicht *zur* Totalität führen. Für einen Suchenden mit intellektuellen Vorlieben, der sich auf die dualistische Herangehensweise des Geistes zur Lösung von Problemen, zum Erkunden von Methoden und zum Begreifen von Konzepten verlässt, ist der rutschige Abhang der Nondualität ein besonders frustrierendes Territorium. Er erkennt, aber an einem bestimmten Punkt mag er einsehen, dass er niemals den Erkennenden zu erkennen vermag. Er kann zwar über dieses «Problem» nachdenken, aber sobald er das tut, verwandelt er den Erkennenden in ein Konzept, und dann stellt sich heraus, dass der Erkennende gerade in dem Moment, wo er glaubt, ihn fassen zu können, zu etwas Erkanntem geworden ist. So entzieht sich der Erkennende für immer dem Erkanntwerden. Wegen der dualistischen Weise, auf die der Geist versucht, an diesen Erkennenden heranzukommen, findet der Suchende sich in der Position eines Menschen, der sich um und um wendet in dem sinnlosen Versuch, seinen eigenen Rücken zu betrachten.

Die Natur der Erscheinungen ist nondual,
Aber eine jede ist, in ihrem eigenen Zustand,

Jenseits der Begrenztheit des Geistes.
Kein Konzept könnte jemals den Zustand
Des «Was ist» definieren,
Dennoch manifestiert sich die Sicht:
Alles ist gut.
Alles ist bereits verwirklicht worden,
Und so findet sich derjenige,
Der die Krankheit der Bemühung überwunden
hat,
Im selbstvervollkommneten Zustand:
Dies ist Kontemplation.[31]

<small>CHOGYAL NAMKHAI NORBU</small>

Für den Verstand liegt wahre Meditation – die keine Suche nach Verstehen, Sein oder Stille, sondern das Verstehen, Sein und die Stille selbst ist – für immer außer Reichweite. Die einfache Erkenntnis des «was ist» kann niemals eine Errungenschaft sein, und das wird augenblicklich klar, wenn das «Ich» und das «will» aus dem «Ich-will-Verwirklichung»-Ansatz herausgenommen werden.

Eine andere Weise, dies zu begreifen, besteht darin, unseren Pfad zurückzuverfolgen. Statt nach der Erkenntnis zu streben, die Sie sich wünschen, sehen Sie nach, wo dieser Wunsch entsteht. Machen Sie dann einen weiteren Schritt rückwärts und beobachten Sie, von wo das «Ich» aufsteigt. Was ist diese Stille vor dem «Ich»? Was ist diese Nichtdinghaftigkeit, diese absolute Präsenz? Strebt sie danach, etwas zu erlangen oder irgendwohin zu kommen? Hat sie es nötig, irgendetwas zu werden, oder entsteht alles Werden aus und in ihr?

Formale Meditation mag das Gehirn dermaßen in ein Mantra einspinnen, dass der unablässige Strom der Gedanken zum Schweigen gebracht wird. Doch in wahrer Meditation sehen wir, dass Gedanken ungehindert auftauchen und nicht als problematische Unterbrechungen wahrgenommen werden, die ein imaginäres Ego, welches behauptet, von ihnen gestört zu werden, unter Kontrolle bringen müsste. Der Schlüssel besteht darin, dass das Ich selbst ein Teil des Gedankenstroms ist, den es kontrollieren möchte, und dass ihm unabhängig vom Denken keinerlei Realität zukommt. Es ist eindeutig nicht notwendig, dass dieser geisterhafte Steuermann namens Ego den Geist zu einem einzigen Punkt der Konzentration hinsteuert. Alles entsteht frei und ist willkommen, einschließlich der Mantren, der Ich-Illusion, der Gedanken und Gefühle. Keine dieser Aktivitäten vermag den stillen Raum des REINEN GEWAHRSEINS, in dem alles für einen Moment auftaucht und in dem sich alles spurlos wieder auflöst, im Geringsten zu beeinflussen.

Meditation ist kein Weg zur Erleuchtung und auch keine Methode zum Erlangen von irgendetwas.
Sie ist Frieden selbst,
Sie ist die Aktualisierung der Weisheit, der letzten Wahrheit der Einheit aller Dinge.[32]
DŌGEN

Dinge wie Akzeptanz, bedingungslose Liebe und Glückseligkeit

Akzeptanz, bedingungslose Liebe und Glückseligkeit sind magische Begriffe, die den meisten Reisenden auf spirituellen Pfaden wohl bekannt sind. Ihre Bedeutung hat, wie bei den meisten Begriffen, etwas Zweischneidiges. Einerseits sind sie verlockend, aber gleichzeitig erzeugen sie große Erwartungen. Das sind Dinge, die wir gern haben würden, die aber gleichzeitig ziemlich unerreichbar scheinen.

Ich weiß noch, wie man mir als Kind erzählt hat, die Methode, einen Vogel zu fangen, bestehe darin, ihm Salz auf den Schwanz zu streuen. Ich war damals noch zu jung um zu erkennen, dass ich den Vogel bereits gefangen haben müsste, um so etwas überhaupt tun zu können. Dieselbe Art von Paradoxon ist den in diesem Kapitel behandelten Konzepten eigen. So können wir zum Beispiel nicht zum totalen Annehmen gelangen, indem wir versuchen, Dinge zu verändern. Dieses Versuchen impliziert ja bereits, dass wir die Dinge nicht annehmen, wie sie sind. Wenn wir das Versuchen aufgeben, ist totales Annehmen vorhanden und der Vogel ist bereits gefangen. Suchende missachten dieses Paradoxon oft und mühen sich weiter, in der Hoffnung oder dem Glauben, dass sich SELBST-Verwirklichung einstellen werde, wenn es ihnen gelinge, vollkommen zu akzeptieren, was ist, und dass ihnen dann bedingungslose Liebe und Glück zukommen würden.

Dieses gesamte Universum ist der Traum des SELBST. Unsere Identität ist ein begrifflicher Bezugspunkt in einem Kontinuum, welches das tiefe SELBST ist, und wenn wir Begriffe wie bedingungslose Liebe, Glückseligkeit und Annehmen benutzen, dann versuchen wir uns selbst bei der Hand zu fassen.

Wie oben schon erwähnt, gibt es unter Suchenden den Glauben, dass Annehmen zur SELBST-Verwirklichung, zur Klarheit und letztlich zur Erleuchtung führen kann. In Wahrheit jedoch kann dieses «Ich», das versucht anzunehmen, den Vogel niemals fangen. Totales Annehmen ist das, was genau hier und eben jetzt ist – nicht etwas, das man in der Zukunft erreichen könnte. Annehmen führt nicht zu Klarheit – es *ist* die Klarheit, dass alles, was ist, nicht anders sein kann, als es ist. Dinge können anscheinend anders sein, als sie *waren*, aber sie können niemals anders sein, als sie sind. Alle Bemühungen, annehmender, liebevoller oder glückseliger zu werden, sind nur die Illusion des Egos, das versucht, sich als der wahre Spieler zu bestätigen, als jemand, dem es möglich ist, zu immer erhabeneren Seinszuständen fortzuschreiten.

REINES GEWAHRSEIN praktiziert nicht aktiv Annahme, Liebe und Glückseligkeit als die polaren Gegensätze von Ablehnung, Hass und Verzweiflung. Das könnte man wohl kaum *totale* Akzeptanz nennen. REINES GEWAHRSEIN ist wie ein Spiegel, der alles ohne den geringsten Widerstand wiedergibt. Alles wird ohne irgendein Urteilen angenommen. Dazu gehört natürlich auch, wie Sie eben jetzt sind. Wohlgemerkt: Dazu gehören Ihre Fettpolster, Ihre Glatze, Ihr Zorn, Ihre Zweifel, Ihre Entfremdung und Ihre Angst sowie das ganze verschwommene Drum und Dran. Ob nun gerade Widerstand, Zurückweisung, Streben oder Stress dran ist, spielt keine Rolle. Der Zeuge ist all dessen gewahr, und damit ist es angenommen.

Da ich das eine SELBST *bin, auf ewig vollkommen und alles durchdringend, was könnte ich da annehmen und was zurückweisen, was würde mir Freude schenken und was Kummer bereiten? Für immer unberührt und unverhaftet, bin ich in Frieden in meinem unauslotbaren* SELBST.[33]

Akzeptanz oder die Klarheit dessen, was Sie sind, wird sich nicht als Resultat Ihrer Bemühungen und Ihres Suchens einstellen, sondern könnte sich offenbaren, wenn das Versuchen und Suchen wegfallen. Dann könnte sich herausstellen, dass totale Akzeptanz, Liebe und Glückseligkeit bereits vorhanden sind. SELBST-Verwirklichung oder SELBST-Erkenntnis – was einfach bedeutet, dass Sie sehen, was Sie bereits in diesem Augenblick sind –, ist dasselbe wie totale Akzeptanz. Können «Sie» akzeptieren, dass es nichts zu tun gibt? Können «Sie» akzeptieren, dass Sie nicht als getrennte Wesenheit existieren? Wenn Sie das können, wer wäre dann noch übrig, der das Annehmen *tun* könnte?

Ob der Gedanke, der aufsteigt, sagt «Dies ist akzeptiert» oder «Dies ist nicht akzeptiert», macht keinen Unterschied. Reines Gewahrsein enthält beides und akzeptiert es damit.

Das Ich ist keiner totalen Akzeptanz fähig, aber es ist darin enthalten. Es hofft vergeblich, dass es durch seine Bemühungen, immer annehmender zu werden, schließlich zum erhabenen Zustand der Erleuchtung gelangen wird. Und wie es meint, wird dies wiederum zu ewiger Glückseligkeit, Frieden und zur Erfahrung von bedingungsloser Liebe führen. Dieser Hauptgewinn, auf den das Ego scharf ist, ist jedoch weder eine Erfahrung, die man machen, noch ein Zustand, in dem man sich befinden kann. Ganz im Gegenteil: Erleuchtung ist das Sich-Auflösen der Illusion, dass es ein Individuum gibt, welches Erleuchtung *erfahren* könnte. Darum wurde sie auch der «zustandslose Zustand» genannt.

Totale Akzeptanz, bedingungslose Liebe und Glückseligkeit sind in Wirklichkeit nur drei weitere Finger, die auf den klaren Raum des Reinen Gewahrseins hinweisen, aus dem heraus hingewiesen wird – das Reich jenseits von null und eins. In dieser Reinheit ohne Eigenschaften und Form müssen sich selbst die Konzepte des Zeugen und des Zeugeseins, des Spiegels und seines Inhalts auflösen.

Wir könnten das Glückseligkeit nennen, weil nichts es stören kann. Wir könnten es Akzeptanz nennen, weil nichts davon zurückgewiesen wird. Wir könnten es bedingungslose Liebe nennen, weil alles davon umfangen wird. Diese wundervolle Schlichtheit, dieses offene Geheimnis, diese intime Klarheit ist alles, was ist. Es ist Sie selbst, der Sie sich zu Hause willkommen heißen. *Sie sind dies.*

Und was ist mit dem Körper?

Bis jetzt haben wir den Körper weitgehend ignoriert. Und was ist damit? Ist er bloß ein Stück Fleisch? Ist er unser Tempel, ein Spielzeug, ein Werkzeug oder eine Last? Je nach unserem Gesundheitszustand, unserem Alter und unserer Konditionierung könnte er eines davon oder auch eine Kombination von all dem sein. In den folgenden beiden Kapiteln werden wir uns den Körper ansehen und betrachten, was mit ihm geschieht, wenn er stirbt.

Wir erfahren den Körper als ein festes Objekt, aber bei genauerem Hinsehen zeigt sich, dass er genau das Gegenteil ist. Er zerfällt in Knochen und weiches Gewebe, die wiederum in Zellen zerfallen. Wenn wir immer mehr ins Detail gehen, kommen wir zu Atomen – den Bausteinen aller Dinge im Universum –, die wiederum hauptsächlich aus leerem Raum bestehen. Zwischen diesen Atomen gibt es relativ große Zwischenräume, vergleichbar denen, die sich zwischen den Sternen finden. Würde man alle Atome, die unseren Körper ausmachen, auf den kleinstmöglichen Raum zusammenpressen, dann hätte dieser Raum kaum die Größe eines Stecknadelkopfes. Die Atome lassen sich wiederum auf subatomare Partikeln reduzieren, die wiederum zu Energie/Nichts zerfallen. So stellt sich schließlich heraus, dass sich die scheinbar konkrete Realität des Körpers in Raum auflöst; und doch erleben wir den Körper wunderbarerweise als ein festes Objekt.

Als Suchender haben Sie wahrscheinlich schon mehr als einmal gehört, dass Sie nicht der Körper sind, wie zum Beispiel in dem folgenden Zitat:

Ich bin nicht der Körper,
Noch gehört der Körper mir.
Ich bin GEWAHRSEIN selbst.[34]
ASHTAVAKRA-GÎTÂ

Viele große Religionen scheinen darin übereinzustimmen, dass der Körper ein zeitweiliges Vehikel für die unsterbliche Essenz oder Seele eines Individuums ist. Viele Menschen sagen, dass sie daran glauben, doch wenn es dann wirklich zur Sache geht, kann der Himmel warten, und auf Begräbnissen herrscht im Allgemeinen eher Trauer als Freude. Während wir behaupten, an eine unsterbliche Seele in einem sterblichen Körper zu glauben, identifizieren die meisten von uns sich doch mit dem Körper und erfahren sich als ihr Körper. Das zeigt sich schon daran, wie wir von uns sprechen. Zum Beispiel: Ich bin müde. Ich bin stark. Ich bin krank. Ich wurde geboren und ich werde sterben.

Da der Körper Schmerz und Lust erfahren kann, sind wir ständig auf der Suche nach Sicherheit und Befriedigung. Die Identifizierung mit dem Körper in Kombination mit der Wahrnehmung von Zeit führt zu dem Glauben an unsere Sterblichkeit. Wir projizieren unsere Hoffnungen und Ängste in die Zukunft und rennen allem hinterher, was wir zu brauchen glauben. Das mag

Frieden und Sicherheit, Status und Komfort oder Liebe und Anerkennung sein. Unser Begehren hat jedoch einen wenig willkommenen Zwillingsbruder namens Angst. Mit anderen Worten: Zu hoffen, dass wir etwas bekommen, ist eine geschönte Form der Aussage, dass wir Angst haben, es nicht zu bekommen. Selbst wenn wir uns auf dem positiven Trip befinden und etwas aus unserem Leben machen wollen, bekommen wir es doch mit den negativen Begleiterscheinungen dieser Herangehensweise zu tun. Wenn wir zum Beispiel versuchen, uns selbst und die Umstände unseres Lebens zu verbessern, dann sagen wir damit im Grunde, dass wir uns die Dinge anders wünschen. Dies bedeutet wiederum, dass wir auf einer Ebene mit dem, was ist, nicht glücklich sind.

Die auf unserem Planeten vorherrschende Kultur hält uns dazu an, beständig nach Wachstum und Verbesserung zu streben, was das durchgängige Gefühl erzeugen kann, dass, *wie es ist*, nicht ausreichend ist – dass es *nicht das* ist. Menschen, die nicht mit dieser Weltanschauung übereinstimmen, werden verächtlich angesehen und als Fatalisten bezeichnet, denen es an Antrieb und Ehrgeiz mangelt. Diese Haltung des «der einzig richtige Weg ist der nach oben» steht in direktem Widerspruch zum zyklischen Verlauf der Dinge in der Natur. Ebbe und Flut der Ozeane, das Zunehmen und Abnehmen des Mondes, die vier Jahreszeiten und Geburt und Tod sind nur einige wenige Beispiele für dieses Prinzip.

Wenn wir auf das «Märchen vom ständigen linearen Fortschritt» hereinfallen, dann arbeiten wir vielleicht wie wild daran, ein besserer Mensch zu werden und eine schönere Zukunft zu haben. Doch auch wenn wir unser Bestes tun, finden wir oft, dass das Leben sich nicht so entfaltet wie geplant und dass die erhoffte Freude selbst dann, wenn wir genau das bekommen, was wir uns gewünscht hatten, bestenfalls zeitweilig ist. Immer und immer wieder wird das Neue zu etwas Altem, und wenn der Moment der Befriedigung vorüber ist, sind wir schon wieder auf das nächste neue Ding aus. Shrî Âtmânanda hat darauf hingewiesen, dass es verkehrt ist, die Freude, die wir erfahren, wenn wir ein Ziel erreichen oder ein begehrtes Objekt erhalten, diesem Erreichen oder Erlangen zuzuschreiben. Freude entsteht nicht aus der Erfüllung des Begehrens; es ist vielmehr so, dass grundlose Freude, die unsere wahre Natur ist, durchscheinen kann, wenn wir einmal für einen Moment ohne Wünsche sind.

Wir alle haben schon das Sprichwort gehört: «Sei vorsichtig mit dem, was du dir wünschst», was impliziert, dass die Erfüllung eines Wunsches unvorhergesehene Nebenwirkungen haben kann. Die meisten von uns würden gern im Lotto gewinnen, doch es ist eine bekannte Tatsache, dass viele, die einen großen Gewinn gemacht haben, eher unglücklich geworden sind, weil sie es danach mit verschiedenen neuen, unvorhergesehenen Problemen zu tun bekommen haben. Zu erhalten, was wir uns wünschen, kann ebenso enttäuschend sein, wie das Gewünschte nicht zu bekommen. Es gehört zur Natur des Wünschens und Begehrens, unerfüllt zu sein, und so wird uns selbst ein «guter» Wunsch wie der Wunsch nach Frieden davon abhalten, diesen Frieden wirklich zu erfahren.

Im Allgemeinen ergibt sich Leiden aus der dualistischen Sichtweise, in welcher der vermeintliche Unterschied zwischen der Vorstellung von einem Ich und der Welt scheinbarer Objekte Begehren und Furcht erzeugt. Spezifischer auf unsere Identifikation mit dem Körper bezogen, entsteht Leiden aus dem Glauben, dass wir vergängliche und sterbliche Individuen sind. Wir sehen unseren Körper altern und krank werden, und da wir derart mit ihm identifiziert sind, glauben wir, *wir* seien es, die alt oder krank werden.

Die Existenz des Körpers ist ein Prozess innerhalb der Zeit, und unser Wunsch nach seinem Fortdauern ist nichts weiter als die Angst vor der eigenen Auslöschung. Wir neigen dazu, das Überleben des Körpers mit unserem eigenen Überleben gleichzusetzen, und im Allgemeinen verwenden wir sehr viel Mühe darauf, die Existenz des Körpers zu verlängern. Seltsamerweise missachten viele von uns in diesem Bemühen ihre Gesundheit und ihr allgemeines Wohlergehen und arbeiten sich manchmal buchstäblich zu Tode. Auch wenn wir jetzt viel mehr haben als im letzten Jahr, mögen wir trotzdem das Gefühl haben, es sei nicht genug. Natürlich kommt jene Zukunft, in der wir ein für alle Mal die ultimative Sicherheit erlangt haben werden, niemals. Solange wir danach streben, sind wir wie ein Esel, der die Karotte erreichen will, die der Reiter vor seiner Nase baumeln lässt. Sowohl die Karotte als auch die Zukunft weichen ebenso schnell zurück, wie wir auf sie zulaufen. Die Ironie des Schicksals besteht darin, dass die Zukunft, auf die wir hinarbeiten, uns dem Tod, den wir doch fürchten, näher bringt. Oft wissen wir kaum zu schätzen, dass nichts anderes existiert als die gegenwärtige Vollkommenheit von *diesem, wie es ist*. Würden wir auch nur einen Moment innehalten, uns entspannen und einfach nur präsent sein, könnte sich die Erkenntnis des Lebens als zeitlose Präsenz einstellen. Innehalten bedeutet nicht, dass wir Einsiedler werden müssten oder den ganzen Tag im Bett bleiben und das Nichtstun pflegen sollten. Es bedeutet, die Illusion zu durchschauen, dass wir ein zeitgebundenes sterbliches Individuum sind, welches von Angst und Begehren angetrieben wird. Als Folge davon entspringen unsere Tätigkeiten nicht mehr Stress und Streben, und wir nehmen uns selbst nicht mehr als individuelle Täter wahr. Dann können wir aus vollen Zügen leben, in der Gewissheit, dass dieser einzigartige Augenblick vollständig und vollkommen ist und seine eigene Belohnung darstellt.

Die Sterblichkeit des Körpers anzunehmen, ohne «meine» Sterblichkeit daraus zu machen, ist eine befreiende Aussicht. Sobald Sie nicht länger auf die Illusion hereinfallen, nichts weiter als ein Körper zu sein, wird die Angst vor Sterblichkeit und Verletzlichkeit, die Ihnen letztlich das Leben, an dem Sie so sehr hängen, verderben kann, sich auflösen. An diesem Punkt löst sich die Anspannung, und an ihre Stelle tritt eine Würdigung des natürlichen Flusses des Lebens. Die Dinge werden um ihrer selbst willen «getan». Tätigkeit ist Spiel, und Spiel ist Tätigkeit.

Wenn Sie aufhören, sich mit dem Körper zu identifizieren, bedeutet das nicht automatisch, dass Sie gefühllos werden. Es tut immer noch weh, wenn Sie sich den

Zeh stoßen, und es wird weiterhin unangenehme Konsequenzen haben, wenn Sie Ihre Gesundheit vernachlässigen. Es neutralisiert Ihre Gefühle nicht zu grauer Gleichgültigkeit, sondern macht es möglich, dass sie ganz natürlich entstehen und sich wieder auflösen. Allerdings sind Sie vielleicht nicht mehr so schnell dabei, gewisse Erfahrungen, Gedanken und Gefühle als negativ oder positiv zu benennen, und vielleicht hängen Sie auch nicht mehr so sehr an so genannten «positiven» Ereignissen und flüchten vor den «negativen». In diesem «Zulassen» liegt Freiheit. Das ganze Spektrum der Gefühle und Gedanken kann immer noch auftauchen, aber es wird sich nicht mehr auf ein illusorisches «Ich» beziehen, das innerhalb eines Körpers wohnt. Schmerz mag entstehen, aber er wird durch Widerstand nicht noch verschlimmert werden. Freude kann sich einstellen, aber sie wird nicht mehr durch den Verlangen verdorben, sie festhalten zu wollen. Ihr wahres und ewiges Selbst sieht den Körper als eine von vielen zeitlichen Erscheinungen. Das ist etwas ganz anderes als die Identifizierung mit einer Sichtweise, die die Veränderungen des Körpers – wie etwa das Altern, Krankwerden und schließlich das Sterben – als etwas betrachtet, das Ihnen geschieht.

Der Körper ist beschränkt
Durch seine natürlichen Eigenschaften.
Er kommt, bleibt eine Weile und vergeht.
Doch das Selbst kommt nicht und vergeht nicht.
Warum also um den Körper trauern?[35]
Ashtavakra-Gítá

135

Wenn wir klar sehen, dass alles Begehren und das daraus resultierende Leiden ihren Ursprung in dem Glauben haben, dass es ein abgetrenntes Individuum gibt, welches mit einem Körper-Geist identifiziert ist, dann vermögen wir die Aussage, dass wir nicht der Körper sind, vielleicht eher anzunehmen.

> *Der Körper ist trügerisch,*
> *Und seine Ängste sind es ebenfalls,*
> *Himmel und Hölle, Freiheit und Bindung.*
> *Das ist alles nur Erfindung.*
> *Wie könnten sie mich kümmern?*
> *Ich bin Gewahrsein selbst.*[36]
> ASHTAVAKRA-GĪTĀ

Der Trick besteht darin, diese Vorstellung nicht in noch eine Strategie zur Vermeidung unerwünschter Stimmungen und der Angst vor der Auslöschung zu verwandeln. Der Glaube oder die Hoffnung, dass man *nicht* der Körper ist, wird im Allgemeinen in die Idee übersetzt, dass man eine unsterbliche Seele ist, die zeitweilig in den Körper eingesperrt ist. Doch das ist es nicht, was der zitierte Text sagt. Was er besagt, ist, dass Sie nicht *ausschließlich* der Körper sind, so wie der Ozean nicht ausschließlich eine einzige Welle ist. Sie haben sich mit dieser sterblichen und zeitgebundenen Erscheinung so sehr identifiziert, dass Sie anscheinend das größere Bild vergessen haben.

Das größere Bild ist, dass der Körper-Geist das Unendliche ist, das eine endliche Erfahrung macht. Sie *sind* das Unendliche, und der Körper wohnt in Ihnen, so wie ein Stern im Raum wohnt. Wenn Sie erkennen, dass Sie in Wirklichkeit der ewige Raum jenseits von Geburt, Existenz und Sterben sind, wird deutlich, dass alle zeitlichen Manifestationen – einschließlich des Körpers, der Erfahrungen, Gedanken und Gefühle, des Grases, der Bäume, Ihres Nachbarn, der Heiligen und Terroristen, Ihres Arbeitskollegen und der Politiker in den Abendnachrichten – in oder vor diesem Hintergrund erscheinen. Lassen Sie es mich nochmals sagen: Sie sind dieser Hintergrund zusammen mit dem, was vor dem Hintergrund erscheint. Sie sind die Einheit des Ewigen und des Zeitlichen, Sie sind das Eine ohne ein Zweites.

Dieses Buch will Sie dazu einladen, diese Empfindung eines Daseins als ein abgetrenntes Individuum wieder mit dem ozeanischen SELBST verschmelzen zu lassen, sich von der Illusion der *ausschließlichen* Identifikation mit dem zeitlichen Körper-Geist zu befreien. *Seien* Sie einfach, und erkennen Sie sich wieder in Ihrem wahren Glanz, der illusorischen Verstrickungen von Geburt und Tod ledig.

Weil du glaubst, der Körper zu sein,
Bist du schon seit langer Zeit gebunden.
Wisse, dass du reines Gewahrsein bist.
Mit diesem Wissen als deinem Schwert
Durchschlage deine Ketten –
Und sei glücklich.[37]
Ashtavakra-Gîtâ

Den Geist aufgeben

Der Tod ist kein Erlöschen des Lichts;
Er ist das Löschen der Lampe, weil der Morgen
angebrochen ist.[38]

Der Tod ist zweifellos eines der größten Mysterien des Lebens. Weil er ein Ereignishorizont ist, über den wir nicht hinausschauen können, ist er uns ein Gegenstand der Spekulation, der Furcht und der Faszination. Bevor wir fortfahren, müssen wir eine wichtige Unterscheidung treffen: Die Angst vor dem Sterben ist *nicht* dasselbe wie die Angst vor dem Tod. Erstere ist ein sehr praktisches und verständliches Charakteristikum des Körpers, während Letztere ein merkwürdiges, dem Geist eigentümliches Gemisch von Phantasie und Spekulationen ist. Tiere kennen die Angst vor dem Sterben, aber, so weit wir das wissen, kennen sie keine begriffliche Angst vor dem Tod.

Die Angst vor dem Sterben hindert Sie daran, ohne Fallschirm aus einem fliegenden Flugzeug zu springen oder ein Picknick auf Bahngleisen zu machen. Die Angst vor dem Tode ist jedoch abstrakter, da der Geist eine Zukunft projiziert, in der er nicht mehr existiert. Man könnte sagen, dass er sein eigenes Dahinscheiden im Voraus betrauert. Er erschreckt sich selbst mit einem Bild von dem, wie es ist, wenn das Leben zu Ende geht, worauf ein Abgrund ewigen Nichts folgt, und schreckt dann vor dieser Leere zurück, als könnte Nichtsein irgendeine Art von Erfahrung sein – etwa so, als werde man lebendig in einer kalten und dunklen Leere begraben, die für immer andauert.

Es ist eine Ironie des Schicksals, dass das Hängen am Leben uns daran hindern kann, in vollen Zügen zu leben, so dass die Angst vor dem Sterben sich verkehrt zur Angst vor dem Leben. Diese Angst kostet uns viele der einfachen Freuden des Lebens. Wenn wir zum Beispiel mit dem Fahrrad fahren, dann mögen Schutzkleidung und ein Helm unsere Sicherheit vergrößern, aber sie tragen definitiv nicht zur Freude einer gemächlichen Radtour durch die Landschaft bei. Sich um seine Gesundheit zu kümmern, ist eine gute Sache, aber manchmal wird es auch zu einer uns einschränkenden Obsession, und aus dem Verdienen des eigenen Lebensunterhalts wird leicht ein immer hektischeres Ringen, das zu Stress, Nervenzusammenbrüchen und Schlimmerem führen kann.

Todesfurcht ist ein zentraler Faktor verschiedener religiöser Glaubenssysteme, die uns die Aussicht auf Reinkarnation oder ein Leben nach dem Tode anbieten. Aber gibt es *tatsächlich* irgendetwas jenseits dieses Lebens? Wenn wir diese Frage genauer betrachten, zeigt es sich, dass hier von der Voraussetzung ausgegangen wird, dass es tatsächlich ein Individuum gibt, das geboren wurde und schließlich sterben wird.

Wenn Sie sich für den Körper halten, dann scheint der Tod eine absolute Gewissheit zu sein. Glauben Sie jedoch, dass Sie eine Seele sind, die in einem Körper wohnt, dann nehmen Sie an, dass Ihr Körper stirbt, während das, was «Sie» in Ihrer Essenz sind, überlebt. Diesen «Unfall» zu überleben, mag zunächst nach einer tollen Sache aussehen, aber es ist riskant. Je nach Ihren Glaubensvorstellungen besteht immer die Möglichkeit, dass Ihnen für die nächste Runde eine «niedere Geburt» beschieden ist. Oder Sie haben sich nicht für den Hauptgewinn des «Himmels» qualifiziert und enden stattdessen in ewigem Feuer. All dies ist jedoch eine Sache des Glaubens, der Hoffnung und der Furcht, und nicht eine Angelegenheit des Wissens. Sowohl die Hoffnung auf ein Nachleben als auch die Todesfurcht entstehen aus dem fälschlichen Glauben, dass Sie ein zeitgebundenes, sterbliches Individuum sind, dessen Kerze ausgeblasen wird, wenn der Sensenmann kommt, um Sie zu holen. Das Gegenmittel gegen all diese Angst und Spekulation besteht in der Erkenntnis, dass das, was Sie wirklich sind, außerhalb der Zeit ist, ungeboren und todlos. Sie sind vielmehr das Feld, in dem Geburt, Dasein und Tod erscheinen.

Der heilige Franziskus und andere haben gesagt, dass wir durch das Sterben das ewige Leben gewinnen. Die Sufis sagen: «Stirb, bevor du stirbst.» Dieses Sterben ist der Tod der Illusion des getrennten und individuellen Ich. Wird das «Ich» entfernt, dann wird der Tod seiner Beute beraubt.

Aus der Perspektive des «Ich» ist dies eine unbefriedigende Antwort auf die Frage eines Lebens nach dem Tod. Besagt sie doch, dass es für die Illusion, die Sie zu sein glauben, kein Leben nach dem Tod gibt. Die gute Nachricht aber lautet, dass es für das, was Sie *wirklich* sind, keinen Tod gibt.

Die moderne medizinische Technologie hat es den Ärzten möglich gemacht, Menschen von der Schwelle dessen zurückzuholen, was man früher für den Tod gehalten hat. Viele dieser Menschen berichten von Nahtoderfahrungen. Angesichts der Fülle des Materials verdienen es diese Berichte, ernst genommen zu werden. Was sie jedoch wirklich bedeuten, darüber wird immer noch spekuliert. Die Interpretation solcher Berichte ist natürlich subjektiv und wird durch die Tatsache, dass sie oft vom persönlichen kulturellen Hintergrund des Berichtenden gefärbt sind, zusätzlich kompliziert. Manche Menschen halten diese Berichte für den Beweis eines Lebens nach dem Tode, während andere sich größte Mühe geben, sie wegzuerklären.

In den Nahtoderfahrungen wird offenbar häufig eine Schwelle wahrgenommen, die der Person, welche die Erfahrung macht, als der Punkt ohne Wiederkehr erscheint. Aus der Perspektive dieses Textes würde ein Überschreiten dieser Schwelle einfach der letzte Schritt sein, nach dem die Individualität wieder mit dem ozeanischen Selbst verschmilzt. Ich muss zugeben, dass dies den umfangreichen Forschungsarbeiten und Ergebnissen von Dr. Ian Stevenson widerspricht. Seine Bücher über Reinkarnation sind sehr bekannt, und er hat viele Fälle untersucht, die sehr überzeugende Belege für die Möglichkeit der Wiedergeburt liefern.

Auch wenn wir Dr. Stevensons Fallstudien als authentisch akzeptieren, beweisen sie jedoch nicht unbedingt, dass individuelle Seelen von einem Körper zum anderen wandern. Es ist durchaus vorstellbar, dass das eine SELBST, das sämtliche Rollen spielt, um seine Darstellung des Julius Cäsar weiß, während es gerade die Rolle des Robin Hood spielt. In diesem Fall wäre es nicht Robin Hood, der sich an ein früheres Leben erinnert, sondern der universale Schauspieler, der um eine seiner anderen «Rollen» weiß, während er gerade *als* die Figur des Robin Hood auftritt. Dazu mag es umso leichter kommen, wenn es in den beiden Charakteren eine ganze Reihe ähnlicher «Bausteine» gibt. Wir hätten es hier also nicht mit einer *Re*-Inkarnation von Julius Cäsar zu tun, sondern mit der andauernden Inkarnation des einen SELBST. Das bedeutet, dass am Schluss zwar der Vorhang für Robin Hood fällt, dass der Schauspieler davon aber unberührt bleibt.

Eine andere Weise, die Reinkarnation zu sehen, wäre, dass dies, *wie es ist*, alles ist, was es gibt, und dass diese essentielle Einheit, die als die Totalität der Existenz erscheint, die Illusion scheinbar getrennter Persönlichkeiten mit Erinnerungen an vermeintliche vergangene Leben enthält. Wir dürfen nicht vergessen, dass dies immer noch rein metaphorische und lineare Beschreibungen einer im Wesentlichen nondualen Wirklichkeit sind. Sie wurden hier nur angeführt, um zu zeigen, dass sich die Belege für Reinkarnation auf vielfältige Weise interpretieren lassen.

All dies soll nicht etwa sagen, dass tot eben tot ist, und das war's dann. Wir sollten begreifen, dass Unsterblichkeit nicht die endlose Fortsetzung des Sterblichen und Unendlichkeit keine Ausweitung des Endlichen ist. Wenn Sie das Sterbliche und das Endliche transzendieren, werden Sie finden, dass Sie wirklich jenseits des Todes sind. Um das sehen zu können, muss man jedoch paradoxerweise bereit sein, zu sterben. Wie ein Kaninchen, das sich immer fester in einer Schlinge verfängt, sind wir aufgrund unseres eigenen Widerstandes gefangen. Für das Kaninchen wie für uns ist der Weg hinein auch der Weg heraus. In diesem Sterben geben wir unser Gefühl der Getrenntheit, das uns als begrenzte Wesenheiten definiert, auf. Aus diesem Kokon auszubrechen – unsere begrenzte Ich-Empfindung aufzugeben – ist das, was wir am meisten fürchten, denn das setzt die Auslöschung des «Ich» voraus. Wenn es so ist, dass der Eintritt in den Club der Unsterblichen verlangt, dass wir das Individuum am Eingang abgeben, bedeutet es für das Ich wenig Trost, dass die Tür zum ewigen Leben weit offen steht.

Auch hier treffen wir wieder auf das Paradoxon, dass das Ego, wenn es eine Illusion ist, sich selbst nicht aufgeben kann. Die Vorstellung, dass «ich» «mein» Ego loswerden könnte, ist ebenso schlüssig wie das Konzept einer Falle, die gestellt wurde, um sich selbst zu fangen. Das Ego scheint am Leben und an der Idee, ein Individuum zu sein, festzuhalten; aber in Wirklichkeit ist das Festhalten selbst das Ego-Problem. Es ist, als wollten wir Schwimmen lernen, indem wir uns am Wasser festhalten – was mit Sicherheit zum Ertrinken führt. Lassen wir jedoch davon ab, uns festhalten zu wollen, dann verschwindet die Anspannung, und mit einem Mal finden wir, dass wir an der Wasseroberfläche treiben können.

Ein Witz ist immer viel komischer, wenn man die Pointe selber begreift und sie uns nicht erklärt werden muss. Auf vergleichbare Weise vermag das Wegerklären des Egos vielleicht keine spontane Hingabe auszulösen. Doch wenn wir uns nur lange und intensiv genug festklammern, besteht eine gute Chance für ein plötzliches und spontanes Loslassen. Wenn es zu diesem Loslassen kommt, werden Sie lachen und sehen, dass es wirklich leicht ist, sich zu entspannen, von der Hypnose abzulassen und einfach nur zu sein, was Sie sind. Worte darum zu machen, kann die Sache kompliziert aussehen lassen, aber sie ist weder kompliziert noch einfach. Es ist der klare, stille Raum, der vor all solchen dualistischen Konzepten existiert und der davon für immer unberührt bleibt. Sobald Sie das einmal erkannt haben, sehen Sie, dass Geburt, Dasein und Tod nicht *Ihnen*, sondern *in Ihnen* geschehen.

Solange Sie sich zurückerinnern können, haben Sie den Körper gekannt, den zeitlichen Aspekt des SELBST, und haben geglaubt, dass Sie der Körper sind. *Seien* Sie jetzt die Einheit des Ewigen und des Zeitlichen, und erkennen Sie dies als Ihre wahre Identität *wieder*. Dies ist eine Einladung an Sie, gerade jetzt, in diesem Moment, den Geist aufzugeben. Geben Sie die Illusion auf, und erkennen Sie, dass Sie in Wirklichkeit frei sind von Geburt und Sterben.

Du bist ein und dasselbe
In Freude und Leid,
Hoffnung und Verzweiflung,
Leben und Tod.
Du bist bereits erfüllt.
Lass dich selbst zerfließen.[39]
ASHTAVAKRA-GÎTÂ

Geblendet vom Licht

Es gibt eine Geschichte von einem Soldaten, der zum Tode verurteilt wurde. Am Tage seiner Hinrichtung wird er in einem offenen Karren zum Galgen gefahren. Als er seine Umgebung, wie er glaubt, zum letzten Mal, in sich aufsaugt, senkt sich eine große Stille auf ihn herab. Die Welt bietet sich ihm in einer klaren und durchscheinenden Vision in völliger Einheit und Harmonie dar. An die Stelle seiner Angst vor dem Sterben tritt ein tiefer Frieden, in dem er und die gesamte Schöpfung sich in einer mystischen Vereinigung mit Gott befinden. Im letzten Moment begnadigt der König den Soldaten. So bekommt er seine Freiheit und sein Leben wieder, aber er verliert seine Schau des Paradieses. Für den Rest seines Lebens sucht er diese Schau wiederzuerlangen, doch ohne Erfolg. Der Mann beginnt zu trinken und stirbt Jahre später als einsamer Alkoholiker.

Für mich kam die Erfahrung im Alter von einundzwanzig Jahren. Aus verschiedenen Gründen hatte ich das Gefühl, am Ende meines Seils angekommen zu sein, und als es mir durch die Finger glitt, lichtete sich das überwältigende Gefühl von Verzweiflung plötzlich. *I've got a Feeling* von dem Beatles-Album *Let It Be* lief gerade auf meiner Stereoanlage, und es berührte etwas tief in mir. Ein weiter Raum tat sich auf. Ich könnte sagen, dass ich mich so weit ausdehnte, dass ich die gesamte Existenz umfing; richtiger wäre es vielleicht zu sagen, dass ich total verschwand. Die Ewigkeit, die ich zuvor verstanden hatte als Zeit ohne Ende, erwies sich als Abwesenheit von Zeit. Alles war von Leben getränkt, einschließlich der Dinge, die ich bis zu diesem Moment für unbelebt gehalten hatte. Die ganze Existenz hatte teil an einer gemeinsamen Quelle, und der erste Tag der Schöpfung so gut wie der letzte Tag der Zerstörung waren gleichermaßen präsent. Das Universum war weder groß noch klein. Es offenbarte sich als einfach EINS, jenseits aller relativen Eigenschaften wie Größe, Lokalisierung und Zeit. Während sich zeigte, dass auf einer relativen Ebene der Zweck eines jeden Dinges darin besteht, allem anderen in einem fein gesponnenen Netzwerk der Harmonie zu dienen, war gleichzeitig deutlich, dass die Totalität der Schöpfung selbst ohne jeden Zweck ist. Ich sah, dass sie einfach ist, wie sie ist: ihre eigene Ursache und Erfüllung.

Dinge, die mir zuvor wichtig gewesen waren, waren plötzlich nicht mehr wichtig. Die Menschen, die ich von meinem Fenster aus sah, schienen alle «Bescheid zu wissen» und nur so zu tun, als wüssten sie nicht, wer sie wirklich waren. Als die Erfahrung langsam nachließ, dachte ich: *Wie kann ich mit meinem Alltagsleben weitermachen und vorgeben, ich sei dieser begrenzte Charakter? Wie kann ich nur zur Arbeit gehen und mich wieder der alltäglichen Routine stellen?* Wie sich herausstellte, war ich sehr wohl in der Lage, mein Leben fortzuführen wie zuvor – aber eine Gewissheit blieb, dass alles so ist, wie es sein sollte, auch wenn ich das gerade nicht so wahrnehme.

Die Geschichte vom Soldaten und meine eigene Geschichte haben gemeinsam, dass es darin um eine Schau des Ewigen geht, von der berichtet wird wie von einer Erfahrung mit einem Anfang und einem Ende. Man hat solche Erfahrungen mystische, transzendente oder Gipfelerfahrungen genannt – und genau das sind sie auch: *Erfahrungen*.

Der Inhalt einer solchen Erfahrung scheint von Person zu Person zu variieren, je nach Persönlichkeit und soziokulturellem Hintergrund. Aber im Wesentlichen ähneln sich alle Gipfelerfahrungen darin, dass die Berichte darüber von einer Einheit von Mensch und Gott (welchen Namen wir dem auch immer geben mögen) und von einem Heraustreten aus Zeit und Raum sprechen. Es ist diese Art von Erfahrung, nach der es die Menschen, die nach Erleuchtung suchen, verlangt. Und viele verwechseln diese Erfahrung mit der Erleuchtung – wie auch ich es tat. Was dabei jedoch im Allgemeinen übersehen wird, ist der stille Hintergrund, vor dem sowohl die Erfahrung als auch das «Ich», das sich daran erinnert und die Erfahrung interpretiert, auftreten. Für dieses spiegelgleiche Gewahrsein ist solch eine Erfahrung nur eine weitere Wolke, die vorüberzieht.

Über die Jahre hinweg ist diese Erfahrung für mich eine Quelle des Trostes aber auch der Verwirrung gewesen. Es blieb die klare Erinnerung an eine Schau der universalen Einheit, auch wenn ich diese nicht immer fühlte. Anfänglich interpretierte ich die Erfahrung so, dass, wenn alles e i n s ist, jedermann und jedes Ding Teil dieser Einheit sein müssen. Später erkannte ich, dass dies eine linguistische Falle ist: Wenn nämlich wirklich alles e i n s ist, dann kann es keine Teile geben und auch kein Sie und Ich, das Teil davon sein könnte. Ich sah, dass das «Ich» dieses Körper-Geistes dasselbe «Ich» ist, das in allen anderen und als alle anderen lebt. Eine passende Analogie wäre vielleicht zu sagen, dass wir alle dasselbe SELBST sind, welches sich in verschiedene Kostüme kleidet.

Gleichzeitig blieb aber diese widersprüchliche Empfindung, ein individuelles Wesen und für meine Taten verantwortlich zu sein. Bevor ich zu einem einfachen und klaren «Dies ist *es*, ich bin *es*, und das ist *das*» gelangte, verleitete diese Vorstellung, «Teil davon» zu sein, mich dazu, an mir selbst zu arbeiten, um ein besserer Teil zu sein. Im *Xinxinming* («Die Meißelschrift vom Glauben an den Geist») spricht Sengcan, der dritte Patriarch des Zen in China, von diesem Arbeiten am Geist mit dem Geist mit dem Ziel, das «Gute» über das «Böse» siegen zu lassen, mit folgenden Worten:

Willst du, dass sich alles offen zeigt,
Dann denke weder «Gut» noch «Böse»;
Der Zwiespalt von Annehmen und Ablehnen.
Das ist die Krankheit des Herz-Geistes.[40]

Ich interessierte mich auch weiterhin für «spirituelle Dinge» sowie für die Parallelen zwischen der mystischen Erfahrung und Bereichen wie der Neuen Physik, für die Gaia-Theorie und die Vorstellungen von einem bevorstehenden Quantensprung in der Evolution der Menschheit.

Erst in jüngerer Zeit fühlte ich mich dann wieder zu den nondualen Lehren des Advaita, des Daoismus und des Zen hingezogen. Das war so etwas wie eine Renaissance für mich, und ich las Bücher wie das *Daodejing*, die *Ashtavakra-Gîtâ* und *Zen-Buddhismus* von Alan Watts erneut, dazu auch neue Bücher von Tony Parsons, Ramesh Balsekar, Nathan Gill und vielen anderen. Dieselben alten Worte schienen auf frische und klare Weise zu mir zu sprechen. Es war, als fielen die noch fehlenden Teilchen eines Puzzles an ihren Platz, und zugleich zeigte es mir deutlich, dass nichts jemals *nicht* an seinem richtigen Platz sein kann.

Ich traf Wayne Liquorman während eines Seminars mit dessen Lehrer Ramesh Balsekar. Ich sagte ihm, ich sei gekommen, um die Präsenz von Menschen wie ihm und Ramesh zu erfahren, hätte aber keine Fragen, da ich ein vollständiges intellektuelles Verständnis der von ihnen diskutierten Themen besäße. Wayne antwortete: «Ja, aber Sie sagen noch immer, dass ‹Sie› verstehen.» Ich erwiderte nicht viel darauf, da ich diese Antwort für ein bloßes Sprachspiel hielt, aber irgendwie blieb die Bemerkung doch hängen. Sie fiel mir immer wieder ein, sank langsam in mein Herz ein, und das sagte schließlich: «In Wirklichkeit gibt es kein ‹Ich›, das ‹es› versteht. Es gibt einfach nur Verstehen.»

Heute ist «Ich» weiterhin «meine Adresse im Leben» sowie eine grammatikalische Konvention und ein Hilfsmittel, das zu benutzen ich nicht zögere. Es gibt jedoch kein objektives «Ich», das sich identifizieren oder ergreifen ließe. Es ist klar, dass meine frühere mystische Erfahrung keine Erleuchtung war. Die Vorstellung von einem «Ich», das diese Erfahrung hat, erzeugte das verwirrende Paradoxon von einem «Ich», das eine nonduale Erfahrung hat. Heute ist offensichtlich, dass die so genannte mystische Erfahrung genauso eine Erfahrung ist wie die Erfahrung, ein Glas Wein zu trinken, Liebe zu machen, Einkaufen zu gehen oder einen Spaziergang im Regen zu machen. All das geschieht *als* ich und nicht *durch* mich. Der stille Hintergrund, vor dem die Erfahrung erscheint und in den sie wieder verschwindet, war der Aufmerksamkeit des «Ich» entgangen, das «es» zu verstehen glaubte.

Verstehen Sie mich nicht falsch: Es ist nicht so, dass ich es zuvor nicht recht verstanden hätte, es jetzt aber verstehe. Es ist jetzt vielmehr klar, dass es kein «Ich» gibt, das «es» verstehen könnte. Das ganze Konzept von jemandem, der erleuchtet wird, hat seine Gültigkeit verloren. Erleuchtung erscheint mir heute als ein Ziel, das man nur erreichen kann, solange es noch die Illusion eines abgetrennten Wesens oder eines Ich gibt. Im Zen hat man es das «torlose Tor» genannt. Wenn man davor steht, scheint das Tor da zu sein. Ist man hindurchgegangen und schaut zurück, dann ist klar, dass es nie ein Tor gegeben hat und niemanden, der hindurchgegangen ist.

Die oben beschriebenen mystischen Erfahrungen – sowohl die des verurteilten Soldaten als auch meine – waren, so attraktiv sich solche Berichte auch anhören mögen, am Ende nicht mehr als ein «Vom-Licht-geblendet-Sein». Man braucht keine solche Erfahrung zu haben, damit sich Verständnis einstellen kann. Wahres Verständnis wird die künstlichen Grenzen zwischen dem Mystischen und dem Weltlichen einebnen, zwischen dem Außergewöhnlichen und dem Gewöhnlichen, der Erfahrung und dem Erfahrenden. Es wird die Glorie und die Schlichtheit offenbaren, zusammen mit der Freiheit – selbst der Freiheit von dem Verlangen, frei zu sein –, die jenseits dieser scheinbaren Dualität liegt.

> *Es gibt eine Freiheit –*
> *Selbst von dem Verlangen, frei zu sein,*
> *Selbst von dem Bedürfnis, spirituell sein zu wollen.*
> *Dies ist jenseits der Dualität von Wachen und Schlafen,*
> *Erleuchtung und Nichterleuchtung.*
> *Es ist ein Sich-Entspannen in die Soheit der Dinge,*
> *Einfach die Weise, wie die Dinge sind.*[41]
> ARJUNA

Dieser Text weist auf das Absolute hin und nicht auf relative und bedingte Freiheit. Die der absoluten Freiheit innewohnende Natur ist, dass es keine Bedingungen geben kann, die erfüllt sein müssen, bevor diese Freiheit verwirklicht werden kann. Es braucht keine besondere Erfahrung, damit Sie frei sein können. Wenn Sie auf ein solches Ereignis warten, dann nähren Sie damit den irreführenden Glauben, Sie hätten tatsächlich ein «Ich», das der Befreiung bedarf. Das zu erwartende Ereignis mag eine transzendente Erfahrung sein, doch selbst wenn Sie eine solche Erfahrung machen, kann das zu einer Falle anstatt einer Befreiung werden. Derjenige, der diese Erfahrung macht, wird davon vielleicht so überwältigt, dass er zu dem Schluss kommt, sie müsse zu einem andauernden Zustand werden.

Es gibt ein Buch von Suzanne Segal mit dem Titel *Kollision mit der Unendlichkeit*. Das Buch erzählt die Geschichte einer Frau, die plötzlich von der schockierenden Erfahrung überrascht wird, dass es kein persönliches Ich gibt. Sie war keine Suchende und nicht an Dingen wie Yoga, Zen und Advaita interessiert. Sie glaubte, verrückt zu werden, und suchte die Hilfe von Psychiatern und Psychologen, aber die konnten ihr nicht helfen. Schließlich kam sie mit der nondualen Perspektive in Kontakt, und von da an begann sich ihre Situation zu verbessern – so sehr, dass sie anfing, Zusammenkünfte zu veranstalten und anderen Menschen auf dem spirituellen Pfad beizustehen.

Am Ende des Buches wird sie krank und stirbt. Im Nachwort schreibt ihr Freund Stephan Bodian:

> *Und doch konnten wir gegen Ende ihres Lebens nur mit ansehen, wie ihr die Erkenntnis zwischen den Fingern zerrann wie Sand und sie frustriert und verwirrt zurückließ.*[42]

Suzanne Segal war ein einzigartiger Fall, und zu ihren Lebensumständen kam ein Gehirntumor hinzu. Wenn sich «*die* Erfahrung» – ebenso wie alle anderen Erfahrungen – als vergänglich herausstellt, kommt es im Allgemeinen jedoch leicht dazu, dass dieser Verlust fälschlicherweise für ein persönliches Versagen gehalten wird. Wie bei dem verurteilten Soldaten mag dies dazu führen, dass man der Erfahrung nachjagt, aber das hieße, völlig am Wesentlichen vorbeigehen, wie es einer der Figuren in folgender Geschichte passiert:

Stellen Sie sich vor, dass Sie einen Film sehen, in dem zwei Männer in einer Wüstenlandschaft auf Sie zukommen. Die Sonne brennt vom Himmel herab, und in der Ferne sieht man einen hohen Bergzug.

Einer der Männer bleibt stehen und sagt zu seinem Begleiter: «Ist dir klar, dass dies alles eine Illusion ist und wir bloß Variationen in einem einzigen Licht sind, das als wir erscheint und auch als die Sonne, der Himmel und die gesamte Landschaft?»

Der Angesprochene schaut verwundert drein, während sein Begleiter fortfährt: «Diese ganze Welt, die wir sehen, ist eine flache Leinwand, auch wenn es so aussieht, als wären wir von Raum umgeben.»

Der Freund beginnt sich Sorgen zu machen. Er fragt sich, ob seinem Begleiter vielleicht die Hitze aufs Gemüt geschlagen ist, und er erkundigt sich: «Sag mal, geht es dir auch gut?»

«Mir geht es bestens. Es ist plötzlich nur völlig offensichtlich, dass all dies in Wirklichkeit nichts als eine sehr geschickt erzeugte Illusion ist, die auf einem einzigen Hintergrund erscheint.»

«Ach nee», sagt sein Freund, dem die Sache allmählich zu dumm wird. «Dann zeig mir doch bitte mal diesen Hintergrund.»

«Sieh doch, hier ist er. Er ist genau hier, er berührt

uns und trägt uns. Er enthält alles, was wir sehen.»
Er dreht sich um und zeigt auf die Leinwand. Der
Blick seines Freundes folgt seinem Finger, aber al-
les, was er sieht, sind die Berge in der Ferne.

Wenn transzendente Erfahrungen auf der «Leinwand»
des REINEN GEWAHRSEINS auftauchen, dann sei's drum.
Tun sie es nicht, dann zerbrechen Sie sich darüber
nicht den Kopf. Es gibt Menschen, die solche Erfahrungen gehabt haben und immer noch suchen. Und es
gibt Menschen, die niemals solche Erfahrungen gehabt
haben und sich doch darüber im Klaren sind, was sie
wirklich sind. Die menschliche Erfahrung ist ein sich
ständig wandelndes Fließen, aber der klare Raum des
REINEN GEWAHRSEINS, in dem dieses Fließen auftritt,
wandelt sich nicht. Alles, was es gibt, ist diese Präsenz,
die sich selbst ausdrückt als die Totalität der Manifestation, zu der alle Dinge gehören, von den entferntes-
ten Galaxien bis zu den winzigsten Lebewesen, von der
Illusion von Zeit und Raum bis zu der Weise, auf die
Sie als eine Figur des Spiels erscheinen. Diese Totalität
– also sowohl das, *was* erscheint, als auch das, *worin*
es erscheint – ist Ihre wahre Identität. Es gibt absolut
nichts, was Sie tun könnten oder müssten, und es gibt
auch nichts, worauf Sie warten müssten, um einfach
das zu sein, was Sie bereits sind.

Sitze jetzt
Einfach nur da.
Tu überhaupt nichts.
Halt einfach nur Stille.

Denn deine
Trennung von Gott
Ist die schwerste Arbeit der Welt.[43]

Konzepte und Metaphern

Bevor wir zu den letzten Kapiteln kommen, lassen Sie uns noch einmal einige der Konzepte und Metaphern betrachten, die in diesem Buch aufgetaucht sind. Das gibt uns die Möglichkeit, sie aus unterschiedlichen Blickwinkeln zu betrachten, während wir weiterhin auf das wahre SELBST verweisen und bekräftigen, dass Sie *es* sind. Einige Gedichte, Zitate und Geschichten sollen diese Konzepte illustrieren. Wenn Sie mitspielen mögen, sind Sie herzlich eingeladen; wenn Sie so etwas nicht anspricht, dann überspringen Sie dieses Kapitel einfach.

Um es noch einmal zu sagen: Diese Konzepte sind nicht die Wahrheit, aber sie versuchen, darauf hinzudeuten. Es ist, als wolle eine Fingerspitze sich selbst berühren, wohl wissend, dass das nicht möglich ist, und dennoch nicht bereit, den Versuch zu unterlassen.

Spiel

Omar Khayyam, der persische Dichter des 11. Jahrhunderts, sang:

> *Denn innen und außen, oben, drumherum und unten*
> *Ist nichts als das magische Schattentheater,*
> *Gespielt in einer Kiste, deren Kerze die Sonne ist,*

Um die herum wir Phantomerscheinungen
Kommen und gehen.[44]

In diesem «magischen Schattentheater» gibt es keine Individuen. Es gibt nur den UNIVERSALEN PUPPENSPIELER, der all die verschiedenen Charaktere spielt und zum Leben erweckt, das EINE, das sich als die Vielen manifestiert, Gott, der Verstecken spielt, die ursprüngliche Energie, die diese gesamte Manifestation belebt und vorgibt, Sie, ich und alles andere zu sein.

Es scheint andere Dinge als Gott zu geben, aber nur, weil Er sie träumt und sie zu den Verkleidungen macht, in denen Er mit sich selbst Verstecken spielen kann. Dieses aus scheinbar getrennten Dingen bestehende Universum ist deshalb nur für eine Weile real, nicht ewig wirklich, denn es kommt und geht, während das SELBST sich versteckt und sich selbst sucht.[45]
ALAN WATTS

Wenn ein Puppenspieler eine Vorstellung gibt, in der eine männliche und eine weibliche Puppe – wir wollen sie Hans und Grete nennen – sich streiten, sieht das Publikum zwei streitende Figuren, während der Puppenspieler verborgen bleibt. In Wirklichkeit wohnt diesen Figuren kein anderes Leben inne als das des Puppenspielers. Der Puppenspieler spielt zugleich die männliche und die weibliche Rolle, und er hält den Streit zwischen den beiden Charakteren in Gang. Auch wenn die Figuren Zorn zum Ausdruck bringen, ist der Puppenspieler selbst nicht zornig. Der unsichtbare Puppenspieler ist gleichzeitig beide Charaktere und keiner von beiden. Wir könnten uns den folgenden Dialog vorstellen:

Grete: Warum streiten wir überhaupt? Die Charaktere Hans und Grete existieren ja noch nicht einmal!

Hans: Was redest du denn da? Natürlich existieren wir. Ich kann dich ganz deutlich vor mir sehen.

Grete: Wir scheinen nur als getrennte Wesen zu existieren. In Wirklichkeit gibt es nur EINEN. Und dieser EINE bewegt sowohl das illusorische Du als auch das illusorische Ich.

Hans: Das hört sich nach totalem Blödsinn an, es sei denn, du weißt etwas, was ich nicht weiß.

Grete: Es gibt kein «Ich», das etwas weiß, was du nicht weißt.

Hans: Na bitte, gibst du nicht gerade zu, dass du nicht einmal weißt, wovon du sprichst?

Grete: Das in mir, was die Rolle von Grete spielt, ist das, was weiß. Es ist dieselbe Energie, die dich spielt und so tut, als wüsstest du das nicht.

Hans: Du behauptest also, dass ich nicht ehrlich bin?

Grete: Nein, Hans, ich behaupte gar nichts. Was hier gesagt wird, ist, dass weder du existierst noch ich existiere. Wir sind eine Illusion. Etwas tut so, als sei es du und ich.

Hans: Tut mir Leid, Grete, aber da komme ich nicht mit. Du redest doch puren Unsinn. Wenn

wir nicht existierten, wie könnten wir dann dieses
Gespräch führen? Ich glaube, du willst mich nur
irremachen, weil du merkst, dass deine Argumente
nicht ziehen. Warum sprechen wir nicht von etwas
wirklich Wichtigem, wie zum Beispiel …

Schauspieler

Was gerade gesagt wurde, will nicht behaupten, dass
wir nichts weiter als Puppen sind. Gemeint ist vielmehr, dass wir *das* sind, was *als* die Puppen erscheint.
Um eine andere Metapher zu verwenden: Sie sind der
Schauspieler und nicht die Rolle. Jemand, der seine
begrenzte Rolle oder sein Ego für Wirklichkeit hält,
ist wie ein hypnotisierter Schauspieler, der einen
Schurken spielt und von seinem Spiel dermaßen absorbiert ist, dass er vergessen hat, wer er wirklich ist.
Wird er von seiner hypnotischen Illusion befreit, dann
sieht er, dass der Schurke nie existiert hat. Es wäre
falsch zu sagen, der Schurke habe erkannt, dass er in
Wirklichkeit der Schauspieler ist. Es ist der Schauspieler, der sieht, dass er nicht der Schurke ist und es niemals war. Nichts hält ihn davon ab, die Rolle weiter
zu spielen, aber er wird sich nicht mehr für den Schurken halten.

Sagt man einem Suchenden, dass er der Universale Schauspieler (oder Es) ist, so könnte ihn das zu der
Schlussfolgerung verleiten, dass er, Hans Müller, Es
ist. Es erscheint als Hans Müller, aber Hans Müller ist
nicht Es. Genauso ist die Welle eine «Schaustellung»
des Ozeans, aber der Ozean ist keine «Schaustellung»

162

der Welle. Das erinnert mich an eine Geschichte, die ich schon als Kind gehört habe:

Ein Philosoph (ich habe seinen Namen vergessen) ging am Meeresstrand spazieren und grübelte dabei über das Mysterium Gottes nach. Da traf er auf ein spielendes Kind, das mit einem Eimerchen Wasser aus dem Meer in ein Loch schöpfte, das es in den Sand gegraben hatte. Der Philosoph sah dem Kind eine Weile zu und fragte es dann, was es da tue. «Ich bringe den Ozean in dieses Loch», war seine Antwort.

Der Philosoph lächelte und sagte: «Du wirst niemals den ganzen Ozean in diesem Loch unterbringen können.»

Das Kind hielt inne und sagte dann: «Es ist wahrscheinlicher, dass ich den Ozean in diesem Loch unterbringe, als dass es dir gelingt, das Mysterium Gottes in deinem Kopf unterzubringen.»

Um zu unserer Metapher zurückzukehren: Der Schauspieler kann um die Figur des Hans Müller wissen, aber Hans Müller kann niemals um den Schauspieler wissen. Der Schauspieler, der als Hans Müller erscheint, ist das Ewige und bleibt immer dasselbe, ob er nun Julius Cäsar, Mahatma Gandhi, Johanna von Orleans oder das Mädchen hinter der Ladentheke spielt. Hans Müller ist die Rolle, die er eine Zeit lang spielt, und diese Rolle hat unabhängig vom Schauspieler keine Existenz.

Damit ist wiederum gesagt, dass Sie – als Hans Müller – es niemals «verstehen» werden oder erleuchtet werden können. Sie können niemals *das sehen, was das Sehen vollbringt*; Sie sind immer *das, was das Sein vollbringt*. Hinter der Illusion der Rolle des Hans Müller ist Erleuchtung oder SELBST-Verwirklichung bereits vorhanden.

> *Es gab da eine Tür, zu der ich keinen Schlüssel fand.*
> *Es gab da einen Schleier, hinter den ich nicht zu sehn vermochte.*
> *Für eine kleine Weile schien mir die Rede zu sein von dir und mir –*
> *Und dann war da nichts mehr von «dir» und «mir».*[46]
> OMAR KHAYYAM

Von der Seele

Viele, die diese belebende Energie spüren, nennen sie *ihre* Energie oder *ihre* Seele und glauben, das sei ihre *individuelle* und *persönliche* Essenz und nicht die *universale* und *unpersönliche* Energie. In Wirklichkeit gibt es niemanden, der von dieser Energie getrennt wäre und sie spüren könnte. Die Energie selbst ist SELBST-gewahr und erscheint als die Charaktere, die sich für getrennte Wesen mit einer Seele halten. Als Teil des Spiels mögen Sie die Ewigkeit empfinden und glauben, dass Sie nach dem Tode weiterleben oder sich in einer neuen Lebensform reinkarnieren werden. In einem gewissen Sinne ist das nicht falsch. Diese Essenz ist unsterblich und inkarniert sich ständig in neuen Formen oder als neue Formen. So kann sich das Selbst in einer gegenwärtigen Inkarnation als Teil des Spiels an ein «früheres Leben» erinnern und so die Illusion der Individualität untermauern. Wir dürfen jedoch nicht vergessen, dass diese belebende Energie keine persönliche Seele ist, sondern das unpersönliche, ungeteilte Selbst, das als alles erscheint, was ist, einschließlich des Charakters, der Erinnerungen an ein früheres Leben hat.

Wir könnten es die Eine Substanz nennen, den «kosmischen Stoff», der die Myriaden Formen annimmt, Formen wie Berge, Sterne und Wolken sowie Ihren Körper-Geist-Herz-Organismus mit all seinen Gedanken, Empfindungen und Gefühlen und einer Empfindung von freiem Willen und Individualität. Diese Eine Substanz ist die essenzielle Natur von allem, was ist. Die Gestalt, die sie annimmt, ist von der Substanz selbst untrennbar; doch die Illusion kann so stark sein, dass wir sie nicht durchschauen. Das ist dann so, als ließen einige wundervolle Standbilder Sie den Stoff vergessen, aus dem sie gebildet worden sind. Dieser Stoff ist die «eine Seele» oder gemeinsame Essenz der Statuen.

Wenn klar ist, dass Sie diese Eine Substanz sind und nicht nur die Formen, die sie vorübergehend annimmt, dann wird der Glaube an ein persönliches «Ich» mit einer individuellen Seele hinfällig.

Ein und aus

Eine andere Möglichkeit, diese Essenz oder belebende Energie zu sehen, wäre, sie als die eine Quelle aller scheinbaren Gegensätze – einschließlich des nichtmanifestierten und des manifestierten Universums – zu begreifen. Sowohl das Manifestierte als auch das Nichtmanifestierte erscheinen in und aus dieser Singularität. Sie ist das «Eine ohne ein Zweites», das letzte Subjekt, das sich nicht objektivieren oder zu einem Konzept machen lässt. Als das Unmanifestierte, so könnte man sagen, ist es in Ruhe. Mit einem Urknall – oder einem Genesis-Szenario –, was den Beginn der Zeit markiert, wird es manifest und tritt sozusagen in Aktion.

Aus der Perspektive des Menschen gesehen, spielt sich das kosmische Drama im Spannungsfeld der voneinander abhängigen polaren Gegensätze von hier/dort, oben/unten, du/ich, gut/böse, Geburt/Tod und so weiter ab.

Wenn auf Erden alle das Schöne als schön erkennen,
so ist dadurch schon das Hässliche gesetzt.
Wenn auf Erden alle das Gute als gut erkennen,
so ist dadurch schon das Nichtgute gesetzt.[47]
LAOZI

Oder wie Kevin Kelly sagt:

Von diesem Standpunkt gesehen, ist die gesamte Schöpfung aus dieser unglaublichen Grundlage gemacht. Jeder Berg, jeder Stern, der kleinste

Salamander oder die Zecke im Unterholz, jeder Gedanke in unserem Geist, jede Flugbahn eines Balls besteht nur aus einem Gewebe von elementarem Ja/Nein, die miteinander verknüpft sind.[48]

Dieses Zitat könnte aus einem mystischen Text stammen, findet sich jedoch in einem Artikel über Computerwissenschaft in *Wired,* einem trendigen IT-Magazin. Alan Watts nannte es das «Null-Eins-Spiel», und Freud sah dasselbe Muster, interpretierte es jedoch als etwas, das von der Sexualität abgeleitet ist und sich auf diese bezieht. Ich frage mich, ob ihm wohl die Tatsache entgangen ist, dass all dieses Ja und Nein, Rein und Raus, Auf und Nieder – einschließlich des sexuellen Rein und Raus und Auf und Nieder – derselbe grundlegende Rhythmus ist, durch den sich die allem zugrunde liegende Einheit ausdrückt.

Diese scheinbare Dualität ist unabdingbar für das Spiel der Manifestation, so wie die schwarzen und weißen Figuren für das Schachspiel unabdingbar sind. Auf einer Ebene sind Schwarz und Weiß Gegensätze, auf einer anderen Ebene bilden sie ein einziges Spiel.

So wie Elektrizität, die alle möglichen Spielzeuge, Werkzeuge und Apparate in Gang hält, als positive und negative Partikeln daherkommt, so aktiviert/spielt das SELBST alles, was ist, einschließlich der Myriaden Charaktere, die völlig von ihrer Rolle als scheinbar getrennte Individuen absorbiert sind. In der Geschichte der Menschheit mochte der universale Schauspieler das Spiel des Erwachens und Sich-selbst-Erkennens bisher nur in relativ wenigen Charakteren spielen.

Dies scheint sich heute jedoch zu ändern. Es sieht so aus, als *werde der Schleier dünner*; das Erwachen wird entmystifiziert, und mehr und mehr gewöhnliche Menschen wie Sie und ich erkennen, was sie wirklich sind.

Die Metapher der Elektrizität

Wenn wir diese belebende Kraft vergleichen mit der Elektrizität und den Körper-Geist-Organismus mit einem elektrischen Gerät, so führt uns das zu einer interessanten Analogie. Diese Geschichte enthält auch einen Hinweis auf das, was geschieht, wenn der Körper stirbt.

Elektrizität hat schon immer als potenzielle Energie existiert, aber damit sie sich manifestieren kann, braucht die Elektrizität ein Medium, sei es ein Gewitter oder ein Bügeleisen. Es gibt zahllose elektrische Geräte, die alle möglichen Dinge verrichten, vom Mixen von Fruchtgetränken zum Telefonieren, vom Steuern von Raumfähren zum Projizieren von Filmen, vom Zünden von Bomben bis zur Überwachung lebenswichtiger Körperfunktionen auf einer Intensivstation. Ganz gleich, worin all diese verschiedenen Tätigkeiten bestehen, werden alle diese Geräte von derselben Energie belebt. Wenn ein Mixgerät kaputtgeht, passiert der Elektrizität gar nichts. Das, was die jetzt kaputte Maschine angetrieben hat, ist selbst nicht kaputt.

Die unpersönliche Energie, die den menschlichen Apparat belebt, *erzeugt auch die Gedanken*, mit denen dieser Apparat über sich selbst als die für seine Aktivitäten verantwortliche Quelle nachdenkt. Mit anderen Worten: Diese *Empfindung* eines «Ich» als einer Person mit freiem Willen und Verantwortung ist in Wirklichkeit eine Aktivität dieser unpersönlichen belebenden Energie. Es ist das tiefe SELBST, das die Melodie des *«Ich bin soundso, der dies und das tut»* auf den Instrumenten zahlloser Körper-Geist-Organismen spielt. Es ist die Illusion der Vielfältigkeit, der große Tanz der Schöpfung und Zerstörung, der sich in einer zeitlosen Präsenz manifestiert – im Wesentlichen eine Ein-Mann-Band.

Mit dem ersten Lehm der Erde formten sie den letzten Menschen,
Und säten dann den Samen auch der letzten Ernte:
Ja, am ersten Morgen dieser Schöpfung wurde bereits geschrieben,
Wie die letzte Morgenröte des Gerichtes sich lesen wird.[49]

OMAR KHAYYAM

Einladung zum Tanz

Wir befinden uns natürlich in einer traurigen Situation, wenn sich herausstellt, dass wir nur tanzen, um das Ende des Tanzes zu erreichen. In seiner reinsten Form ist der Tanz Bewegung um ihrer selbst willen und hat kein Ziel. Er hat keinen anderen Zweck als seinen Ausdruck im gegenwärtigen Augenblick. Die absichtslose Essenz des Tanzes wird oft als eine Metapher für das Leben verwendet, wie im folgenden Gedicht von Rûmî:

Tanze, wenn du aufgebrochen wurdest.
Tanze, wenn du den Verband dir abgerissen hast.
Tanze mitten in einem Kampf.
Tanze in deinem Blut.
Tanze, wenn du vollkommen frei bist.[50]

Das Göttliche, das als der Tanz des Lebens erscheint, wird in Indien Lîlâ genannt. Lîlâ ist das Spiel des SELBST in dem dynamischen Rhythmus, der im Akt der Schöpfung zum Ausdruck kommt. Es findet als diese facettenreiche Manifestation Ausdruck, die von den majestätischen Spiralnebeln in den Tiefen des Weltraums bis zu den rasend schnell rotierenden Partikeln auf subatomarer Ebene reicht, von der Bahn der Erde um die Sonne bis zu den lebenswichtigen Vorgängen in den Zellen unseres Körpers, vom Gleitflug des Adlers hoch in den Lüften bis zum Flattern der Motten um eine Kerzenflamme.

Dieser vibrierende, pulsierende Ausbruch von Energie hat keinen anderen Zweck als sich selbst, und gerade in dieser Absichtslosigkeit liegt sein unendliches Entzücken. Wer diese Musik hört, den lädt sie dazu ein, dieses immer gegenwärtige Fliessen zu erkennen, damit mitzugehen und sich ganz seinem ursachelosen Entzücken zu überlassen. Wird diese Einladung angenommen, dann wird so selbstverständlich wie die Nase in Ihrem Gesicht, dass jeder Schritt, den man in Richtung auf sein wahres SELBST tun möchte, ein Schritt zu viel ist. In diesem phantastischen Tanz des Lichtes ist es das Leben, das führt. Jeder Schritt kommt aus dem SELBST und wird vom SELBST getan. Hier verschwimmen die Grenzen zwischen den Tänzern, bis nur noch der Tanz bleibt. Die Reise ist das Ziel, und alles geschieht ganz von selbst. Man beginnt ständig ganz neu und kommt ständig in der warmen Geborgenheit des eigenen Heimes an. Die freie Person, die diesen Rhythmus spürt, geschieht einfach, so wie die Sterne, der Raum, die Klänge und die Stille geschehen.

> *... wo Vergangenheit und Zukunft versammelt sind.*
> *Weder Bewegung zu etwas hin noch von etwas her,*
> *Weder Aufstieg noch Niedergang.*
> *Gäbe es nicht diesen Punkt, den Punkt der Stille,*
> *Dann gäbe es auch keinen Tanz –*
> *Und es gibt nur den Tanz.[51]*
> T. S. ELIOT

Über die Stille, das Nichts und das Herz

Über die Stille zu sprechen erscheint paradox, da der Klang der eigenen Worte die Stille anscheinend zunichte macht. Die meisten von uns haben gelernt, dass Stille der polare Gegensatz zu Klang ist und dass Klang die Stille durchbrechen kann. Aber wenn wir die Sache anders verstehen, dann finden wir, dass die Stille für das Ohr das ist, was der Raum für das Auge ist. Wenn wir ein Objekt im Raum wahrnehmen, dann denken wir nicht, dass der Raum zerstört wurde. So ist es auch, wenn ein Klang in der Stille auftaucht: Die Stille wird dadurch nicht zerstört. Die Stille enthält Klänge auf dieselbe Weise, wie der Raum Objekte enthält. Wenn Sie das bemerken, ist jeder Klang von Stille umgeben.

Raum und Stille sind beide wunderbare Hinweise auf etwas, das noch subtiler ist und worin sie entstehen: im stillen Raum des REINEN GEWAHRSEINS. Im Auge des Wirbelsturms herrscht Stille. Es ist wie der leere Raum in der Nabe eines Rades. In diesem Lichte betrachtet, ist die Leere ein Nichts voller Potenzial: Es ist das, worum der Wirbelsturm kreist, und das, was es dem Rad ermöglicht, sich um seine Achse zu drehen. Oder nehmen Sie die leere Mitte einer Flöte, die den Resonanzraum bildet für die Töne, die darin entstehen. Dies kann ein weiterer Hinweis sein auf die kreative Leere des REINEN GEWAHRSEINS, die es der gesamten Manifestation erlaubt, zu entstehen.

> *Dreißig Speichen umgeben eine Nabe:*
> *In ihrem Nichts besteht des Wagens Werk.*
> *Man höhlt Ton und bildet ihn zu Töpfen:*
> *In ihrem Nichts besteht der Töpfe Werk.*
> *Man gräbt Türen und Fenster, damit die Kammer werde:*
> *In ihrem Nichts besteht der Kammer Werk.*
> *Darum: Was ist, dient zum Besitz.*
> *Was nicht ist, dient zum Werk.*[52]
> LAOZI

Versuchen wir, die lebendige Leere in unserem innersten Zentrum auszuloten, so können wir nirgends ihren Rand oder ihr Ende finden. Sie ist jenseits aller dualistischen Qualifikationen. Sie ist unser wahres Herz und gleichzeitig alles um uns herum.

Wenn wir vom Herzen sprechen, dann meinen wir gewöhnlich den Sitz unserer Gefühle oder unserer Intuition im Gegensatz oder als Ergänzung zum Intellekt. Hier ist jedoch wichtig zu erkennen, dass *sowohl* die Gefühle *als auch* der Intellekt aus derselben einen Quelle aufsteigen. Wir könnten dies das Herz des Herzens nennen, den zentralen Kern oder die Mitte des Seins: eine absolute und stille Nicht-Dinglichkeit, die sich jedem Versuch entzieht, sie mit dem Verstand zu begreifen.

Sie werden selbst sehen, wie absolut unmöglich es ist, sich eine Vorstellung von dieser Nicht-Dinglichkeit zu machen. Jede Idee davon ist *etwas* und kann deshalb nicht «kein Ding» sein. Wenn der Verstand versucht, sich das vorzustellen, ist er schlichtweg überfordert. Diese «Nicht-Dinglichkeit» ist für den Intellekt eine undurchdringliche Wand, doch für den Nicht-Geist ist sie ein warmes Bad, eine Heimkehr zum Herz des Herzens.

Zurück zum Wesentlichen

Alles Suchen, sämtliche spirituellen Praktiken und jegliches Bemühen um Verständnis verschleiern die schlichte und einfache Wahrheit von *diesem, wie es ist.* Welche Gedanken auch immer aufsteigen, was für ein Gefühl auch immer entsteht und ob wir es nun als gut oder schlecht etikettieren – es gibt da etwas, das ruhig und still all dessen gewahr ist, was vor sich geht. Es *ist* einfach, ohne die geringste Anstrengung. Schnippen Sie mit den Fingern. Haben Sie den Klang gehört? Wie viel Bemühung hat das gebraucht? Keine! Genau in diesem Augenblick ist das REINE GEWAHRSEIN der stille Hintergrund Ihrer Lektüre dieses Textes. Sie müssen überhaupt nichts tun, damit es da ist. Es ist immer gegenwärtig, auch wenn es uns zu nahe ist, als dass wir dahin gelangen könnten – so wie das Auge sich zu nahe ist, um sich selbst sehen zu können.

Der stille Raum des REINEN GEWAHRSEINS ist nicht das, was wir Aufmerksamkeit nennen. Aufmerksamkeit wandert von einem Ort zum anderen. Innerhalb von Sekunden springt sie von den Wörtern auf dieser Seite zum Jucken im Arm zu der Erinnerung an den Sex der letzten Nacht zu dem Gedanken an eine Rechnung, die zu bezahlen ist, und wieder zurück zu der Buchseite. Diese hin und her flitzende Bewegung Ihrer Aufmerksamkeit geschieht im REINEN GEWAHRSEIN. Aufmerksamkeit bewegt sich, doch REINES GEWAHRSEIN bleibt unbewegt. Wo immer Sie gerade sind, im Tiefschlaf, in Ihren Träumen und in all dem Auf und Ab Ihres Wachzustandes, da *ist* REINES GEWAHRSEIN. Ihr Körper, Ihr Auto und Ihr Hund, sie alle sind Manifestationen in und von REINEM GEWAHRSEIN. In all seiner Vielfältigkeit bleibt es stets EINS.

Im REINEN GEWAHRSEIN gibt es kein Urteilen. Es geht nicht darum, ob wir gut oder böse sind, ob wir Recht haben oder nicht, in Frieden sind oder aufgeregt. Es gestattet all diesem, zu entstehen, und sieht zu, wie alles wieder verblasst. Wenn die Zeit zu Ende geht und das manifestierte Universum sich auflöst, ist das REINE GEWAHRSEIN immer noch.

Loszulassen und sich in das (oder als das) REINE GEWAHRSEIN zu entspannen, das ist die natürlichste Sache der Welt. Es braucht keine Bemühung, kein Versuchen und kein Suchen. Doch wenn Sie sich unbedingt bemühen und noch etwas länger suchen wollen, so ist auch das vollkommen in Ordnung. Ob Sie sich nun anstrengen und abhetzen, oder ob Sie ganz still werden, das REINE GEWAHRSEIN spiegelt all das ohne die geringste Anstrengung und ohne jedes Urteilen wider.

Während ich still sitze
Und nichts tue,
Kommt der Frühling,
Und das Gras wächst von selbst.[53]
BASHÔ

Die Grenzen der Sprache

Wenn man Bücher zum Thema der Nondualität liest, stößt man darin womöglich auf diametral entgegengesetzte Aussagen, Konzepte und Metaphern, und das kann in verschiedenen Büchern oder sogar im selben Buch sein. Zum Beispiel:

- Sie sind Es/Sie existieren nicht.
- Das höchste Verständnis/Es gibt nichts zu verstehen.

- Erleuchtung/Es gibt keine Erleuchtung.
- Alles ist Es/Alles ist nur eine Illusion.
- Es gibt nur das SELBST (Advaita)/Es gibt kein SELBST (Buddhismus).

Dies zeigt, dass es im Grunde unmöglich ist, etwas über SELBST-Verwirklichung zu sagen, ohne sich in scheinbare Widersprüche zu verstricken. Was immer wir darüber sagen, ist so wahr und so falsch wie das genaue Gegenteil. Wir können versuchen, die Problematik des Erfassens des Nondualen und Nichtlinearen mit dualistischen und linearen Begriffen zu umgehen, indem wir Metaphern und Parabeln benutzen und darauf hinweisen, dass sie nichts weiter als Konzepte sind – dennoch wird es uns nicht gelingen, die eigenen Lippen zu küssen.

Nehmen Sie zum Beispiel einen Satz wie: «REINES GEWAHRSEIN ist jenseits aller Begriffe.» Indem wir REINES GEWAHRSEIN als etwas qualifizieren, das *jenseits aller Konzepte ist*, objektivieren wir es bereits zu einem neuen Konzept. Die Hindus weisen auf das hin, was sich nicht aussprechen lässt, indem sie es *neti neti* nennen: «Nicht dies, nicht dies» oder «Weder dies noch das».

Für die Juden ist es *Yod-Heh-Wav-Heh*, der unaussprechliche Name Gottes. Ganz gleich, wie sehr wir uns auch darum bemühen, indem wir darüber sprechen und nachdenken, können wir einfach nicht vermeiden, *es* zu einem Konzept zu machen, und deshalb entzieht *es* sich für immer jeglichem Versuch, *es* zu definieren. *Es* bleibt für immer ein paradoxes und intimes Mysterium, eine durchgängig offene Frage und eine unablässige Antwort.

Selbst wenn wir von Dingen sprechen, die sich mit dem linearen und dualistischen Medium der Sprache ausdrücken lassen, ist es einfach unmöglich zu wissen, auf welch unterschiedliche Weise die Leute bestimmte Wörter interpretieren werden und wie sie das verstehen werden, was ihnen mitgeteilt wird. (In dem Film *Willkommen, Mr. Chance* benutzt Peter Sellers diese Sprachverwirrung, um eine tolle Geschichte zu erzählen.)

Die scheinbar widersprüchlichen Konzepte, die oben erwähnt wurden, sind lauter Hinweise auf Ihr wahres SELBST, und als solche sind sie weder real noch illusionär. Sie sind vielmehr wie verschiedene kleine Steinchen, die gegen Ihr Schlafzimmerfenster geschleudert werden. Wenn Sie sie hören, dann erheben Sie sich vielleicht aus Ihrem Bett, schauen nach draußen und sehen überrascht Ihre Geliebte dort stehen. Würde es dann noch eine Rolle spielen, welcher Stein es genau war, der Sie aufgeweckt hat?

Der Traum von Zeit und Raum

Zeit ist das, was von einer Uhr angezeigt wird.
ALBERT EINSTEIN

Wenn man einem hübschen Mädchen den Hof macht, erscheint eine Stunde wie eine Sekunde. Wenn man auf glühenden Kohlen sitzt, erscheint eine Sekunde wie eine Stunde. Das ist Relativität.
ALBERT EINSTEIN

In unseren Träumen begegnen wir vielleicht uralten Gebirgen, Ozeanen, Sternen und Planeten. Es mag dort Menschen geben und Tiere, Städte und Wälder. In unserer Traumerfahrung vergehen vielleicht Tage oder sogar Jahre. Für den Träumenden ist das alles ganz real. Er mag vor einem Vulkanausbruch flüchten, und die Furcht, die er dabei empfindet, kann so intensiv sein, dass sie ihn aufwachen lässt. Einmal wach, kümmert es ihn nicht mehr, was mit dem Vulkan geschieht sowie mit den anderen Charakteren und Objekten, die noch vor wenigen Augenblicken sein Universum bevölkerten. Aus der Perspektive des Wachzustandes hat der Traum möglicherweise nur wenige Sekunden gedauert. Wo waren die Zeit, der Raum und die Objekte, die ihn ausgefüllt haben? Wir können sagen, dass sie im Träumenden waren, aber es wäre ebenso richtig zu sagen, dass der Träumende im Traum war. Diese Erfahrung, die wir alle teilen, zeigt deutlich, dass scheinbar greifbare Realitäten wie eine Welt von Objekten in Raum und Zeit durchaus illusorischer Natur sein können.

> *... es gibt Belege dafür, dass unsere Welt und alles, was sich darin befindet – von Schneeflocken über Ahornbäume bis zu Sternschnuppen und wirbelnden Elektronen –, auch nur Geisterbilder sind, Projektionen aus einer Ebene der Realität, die so weit jenseits der uns bekannten Ebene ist, dass sie sich buchstäblich außerhalb von Zeit und Raum befindet.*[54]
> Michael Talbot Harper

In der «Realität» stellen Zeit und Raum relative zeitliche und räumliche Bezüge zwischen so genannten Objekten und Ereignissen und auch zwischen dem Beobachter und dem Beobachteten her. Aus dieser Perspektive gibt es nichts Absolutes, und das erinnert mich an folgende Worte von William Blake:

> *Eine Welt in einem Sandkorn sehen*
> *Und einen Himmel in einer wilden Blume,*
> *Die Unendlichkeit in der Handfläche halten*
> *Und die Ewigkeit in einer Stunde.*[55]

Der Mensch erscheint hier als ein Bezugspunkt, von dem aus sich Ereignisse als in der Vergangenheit oder als in der Zukunft geschehend beobachten lassen. Objekte erscheinen älter oder jünger, größer oder kleiner als der Beobachter zu sein. Sie scheinen sich schnell oder langsam zu bewegen, und sie scheinen sich mehr oder weniger weit vom Beobachter entfernt zu befinden. In der einen Richtung erstreckt sich der Raum endlos in die Ferne und enthält relativ große Objekte. In der anderen Richtung hält dem das unendlich Kleine die Waage. Der Mensch hat stets den Platz zwischen diesen Extremen inne. Darüber hinaus jedoch sind die relative Position des Menschen und seine Beobachtungen der Prüfstein, ohne den diese beiden Seiten sich ganz einfach nicht manifestieren würden.

Kommen wir noch einmal auf den Traum mit dem Vulkanausbruch zurück. Der Träumende enthält den Traum, und er hat gleichzeitig eine relative Position innerhalb des Traums. Alles in seinem Traum, seien es Felsen oder Wolken, Gefühle oder Gedanken, Menschen oder Tiere, besteht aus dem «Stoff» der Träume, und als die träumende Figur kann er sagen:

Wie der Schatten
Bin ich
Und
Bin ich nicht.[56]
Rūmī

Nun bedenken Sie die Möglichkeit, dass das SELBST seine Manifestationen auf ähnliche Weise träumt. Und so wie der Träumende in seinem eigenen Traum erscheint, können wir sagen, dass der Schöpfer in seiner Manifestation erscheint, während gleichzeitig die Manifestation im Schöpfer erscheint. Traumartig manifestiert er das gesamte kosmische Drama aus sich selbst heraus.

> *Er ist verborgen in seiner Manifestation, manifest in seiner Verborgenheit.*
> *Er ist außen und innen, nah und fern ...*[57]
> Muhammed Al-Kalabadhi

Die Substanz dieser geträumten «Realität» ist REINES GEWAHRSEIN – *der Traum, aus dem die Stoffe sind.* In dieser Realität/diesem Traum erscheint der Geist und projiziert die Illusion getrennter Objekte und Ereignisse auf das ungeteilte Ganze, indem er Grenzen in Zeit und Raum erfindet.

Lassen Sie mich Ihnen eine Frage stellen: «Wo hat das ‹Sie› genannte Ereignis angefangen? Bei Ihrer Geburt? Bei Ihrer Empfängnis? Als Ihre Urgroßeltern sich getroffen haben?» Ganz gleich, wo Sie die Grenze ziehen, es wird stets eine willkürliche, künstliche Grenze sein. Im Spiel des alltäglichen Lebens sind diese begrifflichen Grenzen recht praktisch; aber die meisten von uns haben längst vergessen, dass sie ganz und gar willkürliche, künstliche Größen sind.

GEWAHRSEIN ist SELBST-leuchtend und braucht nicht irgendeiner Sache außerhalb seiner selbst gewahr zu sein. Mit anderen Worten: GEWAHRSEIN ist alles, was es gibt. In dem universalen Traum gibt es ebenso wie in den Träumen, die wir des Nachts haben, die Illusion von diesem und jenem, nah und fern, Vergangenheit und Zukunft, Ich und andere, eine Illusion, die die relative Erfahrung von Zeit und Raum erzeugt. Aber an und für sich besitzen Zeit und Raum keine Wirklichkeit. Die «geisterzeugten Objekte» in diesem Universum sind vorübergehende Erscheinungen und besitzen nur in Relation zueinander Größe und Form. Letztlich gibt es jedoch keine separaten Objekte oder durch Zeit und Raum voneinander getrennte Ereignisse, noch hat der Traum selbst eine festgelegte Größe oder Zeitspanne. Der Traum und der Träumer sind ein und dieselbe SELBST-gewahre Wirklichkeit.

> *Plop, da ist es!*
> *Nichts anderes als das, leer von Materie, füllt es*
> *sämtliche Winkel des Universums aus!*
> *Berge, Flüsse, die gesamte Welt, du und alles,*
> *Sie manifestieren den Körper des*
> *Einen.*[58]

Als Traumgestalt sind Sie eine vorübergehende Erscheinung, während Sie als der Träumende jenseits von Zeit und Raum sind. Wenn Sie zu dieser Erkenntnis erwachen, werden Sie sich ebenso wenig Sorgen um Ihre persönliche Geschichte machen wie um die Gestalt, als die Sie in Ihrem Traum erschienen sind.

Damit soll nicht gesagt sein, dass Sie künftig gleichgültig und ohne Gefühle sein werden. Wenn Sie einen guten Roman lesen, sind Sie sich der illusorischen Natur der Geschichte bewusst, und dennoch sind Sie von den Romanfiguren und der Handlung gefesselt. Solange Sie als Traumfigur erscheinen, werden Sie dementsprechend nicht aus dem Traum aufwachen, aber Sie könnten *zu* dem Traum erwachen.

Zum Traum erwachen

Man spricht von einem «luziden Traum», wenn sich jemand in einem Traum bewusst wird, dass er träumt, wenn er sozusagen im Traum erwacht und den Traum dann in diesem Begreifen fortsetzt. Wenn Sie die Illusion der Getrenntheit durchschauen, so könnte man das «luzides Leben» nennen, denn es ist dann nicht so, dass Sie *aus* dem Traum des Lebens erwachen, sondern dass das Unpersönliche *zum* Traum des Lebens erwacht. Von welchem Standpunkt aus kann eine Illusion sich selbst als Illusion durchschauen? Was könnte ein vermeintlicher Täter tun, um zu einem Nichttäter zu werden? Welcher Gedanke könnte den Denkenden über das Denken hinaustragen? Die Antwort ist: nichts und niemand. So sagte denn auch Rûmî:

> *Wer immer mich hierher gebracht hat,*
> *Wird mich auch wieder nach Hause bringen*
> *müssen.*

Diese «Heimkehr» offenbart die illusorische Natur des Egos, der Welt, von Zeit und Raum. All dies verschwindet nicht in einer Explosion von weißem Licht, was vielmehr verschwindet, ist die Empfindung der Getrenntheit, welche die Ich-Illusion darstellt. Auch wenn «Sie» diese kosmische Illusion vielleicht mit einem Glitzern in «Ihren» Augen genießen, wird es da doch in Wirklichkeit kein «Sie» geben, das sie genießen könnte, kein «Sie», das sie sehen könnte, und kein «Sie», das sie begreifen könnte. Das Spiel, einschließlich Ihrer Rolle darin, geht weiter, nur mit der veränderten Perspektive des Wissens, des Genießens und des Sehens, ohne ein Individuum, welches diese als persönliche Errungenschaften für sich in Anspruch nehmen könnte. Was übrig bleibt, ist *das*, was *als* Sie und alles andere erscheint – Ihr wahres Selbst, das immer schon zum Traum des Lebens erwacht ist.

Zu dieser Erkenntnis kommt es ganz von selbst. Es wird dabei kein neues Wissen erworben, sondern es fallen alte Annahmen weg. Kein Bemühen der Welt kann Sie zu dem machen, was Sie bereits und in Wirklichkeit sind. Die Wahrheit hinter dem Ego ist etwas Nichtdingliches, und es ist uns zu nahe, als dass wir es untersuchen könnten; es ist nämlich die Quelle selbst, aus der der Wunsch, etwas zu untersuchen, entspringt. Wenn Sie dies wirklich sehen, wird klar, dass das aktivierende Agens in all Ihren Aktivitäten nicht ein fiktives «Ich» ist, sondern die universelle Energie oder unser wahres SELBST. Der Glaube an ein «Ich» sowie die Suche nach Erleuchtung werden von einem Niemand durchschaut, werden erkannt als nichts als ein spielerisches Treiben dieser ursprünglichen aktivierenden Energie. Der kosmische Witz in Hinsicht auf die Reise des Suchenden besteht darin, dass eben die Energie, die die Suche antreibt, das ist, was gesucht wird. Im Zen nennt man das, «auf der Suche nach einem Ochsen einen

Ochsen reiten». Wei Wu Wei verglich das mit jemandem, der die Brille sucht, die er auf der Nase trägt, und der das, was er sucht, gar nicht sehen könnte, ohne durch die Brille zu blicken.

Es erwacht zu sich selbst oder, genauer gesagt, Es *ist* das WACHSEIN selbst. Es ist das Licht, in dem besehen alle scheinbaren Gegensätze ihre gegenseitige Abhängigkeit und endgültige Einheit offenbaren. Es ist die Klarheit, in der sich die Illusion der Getrenntheit auflöst. Der Zeuge, und das, wovon er Zeuge ist, verschmelzen zum Zeugesein, während sich die Illusion von Vergangenheit und Zukunft in die Klarheit der zeitlosen Gegenwart auflöst. *Wie es ist*, hat das Leben keinen Sinn über sich selbst hinaus. Es steht ständig am Punkt der Vollendung und ist gleichzeitig so frisch wie Morgentau in der Morgenröte der Schöpfung.

Dieses WACHSEIN bringt uns keinen permanenten transzendenten Zustand. Der Glaube, dass es beim Erwachen um einen solchen Zustand geht – dass es also eine Erfahrung für jemanden darstellt –, ist das Märchen von der Erleuchtung. Es verewigt nur die Illusion der Getrenntheit eines Suchenden und hält Sie in dem Streben nach dem ersehnten Erwachen gefangen.

Das, was Sie wirklich sind, *ist* für immer wach und gegenwärtig, nicht nur im Außergewöhnlichen, sondern auch im Gewöhnlichen und als das Gewöhnliche. Es ist jenseits von einfach und schwierig. Es ist die Quelle von beidem. Um darauf hinzuweisen, lassen sich die Theorien der Quantenmechanik und der theoretischen Physik ebenso heranziehen wie das folgende Kinderlied:

Row, row, row your boat
Gently down the stream
Merrily, merrily, merrily, merrily
Life is but a dream.

(Rudere, rudere, rudere, rudere
Sanft den Fluss hinab
Fröhlich, fröhlich, fröhlich, fröhlich
Das Leben ist nur ein Traum.)

Oder wie das hier:

Where did you come from, baby dear?
Out of everywhere into here.

(Woher kommst du, geliebtes Kind?
Aus dem Überall fiel ich ins Hier.)

In seinem wunderbar schlichten Buch *Erleuchtung für Anfänger*[59] weist Chuck Hillig darauf hin, und Wei Wu Wei verblüfft den Leser mit intellektueller Akrobatik, wobei er auf dieselbe Essenz verweist. Wie klares Wasser lässt es sich mit dem Netz unserer Begriffe nicht einfangen. Es ist kleiner als das Kleinste und größer als das Größte. Es ist ungeboren, ewig und für immer frei. Es ist einfach eines, das sich als komplexe Illusion und Vielfalt zum Ausdruck bringt, als Tanz der Schöpfung.

Wenn Sie sehen, dass Sie DIES sind, dann ist dies nur die Erinnerung an etwas, das letztlich nie vergessen war. Es ist die Heimkehr nach einer Reise durch ein Land der Phantasie, eine Rückkehr zu einem Ort, den Sie nie wirklich verlassen haben. Es ist das Mysterium, das nicht zu verstehen ist, doch wird es als das erkannt, *was Sie immer schon im Innersten waren* – der stille Hintergrund, in dem und aus dem Zeit, Raum, Sein und Nichtsein entstehen. Es ist das wahre SELBST, das, was kein Gegenteil hat, das Eine ohne ein Zweites, oder REINES GEWAHRSEIN.

«Das war bloß ein Traum», sagte Gott mit einem Lächeln,
«Ein Traum, der wahr zu sein schien.
Dort gab es keine Menschen, nicht Lebende, nicht Tote,
Dort gab es keine Erde und auch keinen Himmel droben:
Dort war nur Ich – in dir.»[60]

Nachwort

*Ich habe dir alles gesagt, was den Kern der
Wahrheit ausmacht.
Es gibt kein Du und kein Ich, kein höheres
Wesen, keinen Schüler und keinen Guru.*[61]

Vielleicht war dieser Text ja nahrhaft, doch wenn Sie
meinen, immer noch hungrig zu sein, habe ich hier einige Worte zum Abschluss, auf denen Sie herumkauen
können.

Viele Suchende haben auf dem spirituellen Marktplatz mehr als einmal die Runde gemacht, ohne zu
dem sehnsüchtig erwarteten «Erwachen» gelangt zu
sein. Nicht wenige meinen, ein umfassendes intellektuelles Verständnis erreicht zu haben, warten aber dennoch auf ein Ereignis, welches ihnen beweist, dass sie
bereits völlig erwacht sind. Was ihnen offenbar nicht
klar ist, ist, dass es niemanden *gibt*, der ein umfassendes intellektuelles Verständnis *haben* kann, dass es
einfach nur Verständnis gibt und dass das Wachsein
bereits vollkommen gegenwärtig ist. Was sie davon
abhält, dies zu sehen, ist der irrige Glaube, dass es tatsächlich ein separates Individuum gibt, das bestimm-
ter Erfahrungen bedarf, um das so genannte Erwachen
erreichen zu können. Doch bei diesem WACHSEIN geht
es nicht darum, dass jemand Erfahrungen macht, be-

stimmte Bewusstseinszustände hat oder es zu Erkenntnissen bringt, sondern es geht darum, zu sehen, dass es keinen separaten «Jemand» gibt. Es geht um die ungeteilte Essenz, die dieses gesamten Universums gewahr ist und als dieses erscheint – einschließlich einer Figur, die die Erfahrung des Erwachens machen möchte. REINES GEWAHRSEIN ist bereits vollkommen präsent; warum es dann nicht einfach als REINES GEWAHRSEIN anerkennen statt es als eine Figur zu betrachten, die nach Anerkennung sucht?

Wenn sich zeigen sollte, dass der Suchende trotz intensiver Praxis, trotz verschiedener Lehrer, zahlloser Satsangs und all der richtigen Literatur nicht zur Ruhe kommt, dann hilft es vielleicht, die «Zusammenhänge» zu sehen. Von unserem einzigartigen Standpunkt in der Zeit aus können wir Relationen und Ähnlichkeiten zwischen den verschiedenen Lehren, Büchern und Schriften sehen, die uns historisch überliefert wurden. Dieser «Überblick» stand dem Menschen nicht immer zur Verfügung. Wusste Jesus von Buddha? Wusste Meister Eckhart von Laozi? War Bodhidharma für Rûmî ein Begriff? Ziemlich sicher war das nicht der Fall. Heute erhalten wir Kunde aus den unterschiedlichsten Kulturen aus Nord und Süd, Ost und West, die zum Teil auch zeitlich durch Jahrhunderte getrennt sind, und doch weisen all diese Lehren in die gleiche Richtung und sagen manchmal sogar wörtlich dasselbe. Hier einige wenige Beispiele:

Christentum: Sehet, das Reich Gottes ist inwendig in euch. (Lukas 17.21)

Buddhismus: Ihr seid alle Buddhas. Es gibt nichts, das ihr erlangen müsstet. Öffnet einfach nur die Augen. (Siddhârtha Gautama)

Zen: Wenn ihr die Wahrheit nicht genau dort findet, wo ihr seid, wo sonst glaubt ihr, sie finden zu können? (Dôgen Zenji)

Daoismus: Großes Wissen sieht alles als eins. Kleines Wissen zerteilt in das viele.

Physik: Bells Theorem demonstriert, dass das Universum im Grunde verknüpft, wechselseitig abhängig und unaufteilbar ist. (Fritjof Capra)

Tibetischer Buddhismus: Es gibt keinen einzigen Zustand, der nicht dieser grenzenlose Zustand der Präsenz wäre.[62]

Islam: In dieser Glorie gibt es kein «Ich», «Wir» oder «Du». «Ich», «Wir», «Du» und «Er» sind alle eins. (Hallâj)

Hinduismus: Tat tvam asi – Das bist Du.

Judentum: Ich bin, der ich bin.

Ist es nicht höchst faszinierend, dass immer wieder die gleiche Aussage gemacht wird? Ist es nicht ermutigend, dass die Traditionen übereinstimmend auf die Tatsache hinweisen, dass alles eins ist, dass dies Es ist und dass Sie Es sind? Ist dieser Moment nicht der perfekte Moment dafür, das anzunehmen, was sie uns anbieten, zu erkennen, dass die Stimme, die da spricht, unsere eigene Stimme ist, die uns einlädt heimzukehren? Wenn nicht *jetzt, wann* dann?

Der Höchste Weg ist gar nicht schwer,
Nur gänzlich ohne Wahl.
Allein wenn du nicht hassest und begehrst,
Ist alles völlig klar ersichtlich.[63]
SENGSTAN

Gelegentlich stellen Menschen Fragen über die Natur der Erleuchtung und tun die Antwort dann ab mit Worten wie: «Das sind alles bloß Worte und Konzepte. Das habe ich alles schon einmal gehört, und das genügt mir nicht. Ich will wissen, was es damit auf sich hat.» Worauf diese Suchenden warten, das ist eine Bestätigung durch ein besonderes Ereignis oder vielleicht eine Gipfelerfahrung. Damit vertagen sie die Erkenntnis, dass die WACHHEIT, nach der sie suchen, bereits vollkommen präsent ist. Was sie übersehen, ist die Wirklichkeit *dessen*, was da sieht – das, was alle Dinge gemeinsam haben –, die Wirklichkeit der einen universalen Leinwand, die jegliche Manifestation trägt. Dies ist das Substrat, das aller scheinbaren Vielfalt zugrunde liegt. Es ist das Außergewöhnliche im völlig Gewöhnlichen. Es ist der gemeinsame Nenner. Diese gemeinsame Essenz ist unsere wahre Natur, ganz unabhängig von den Formen und der Vielfalt, die der Geist auf dieses ungeteilte Ganze projiziert. Es ist das Licht, das alles erhellt, das sich selbst jedoch nicht erhellen kann und muss. Es ist die magische Illusion, das Wunder, das Einheit als Vielfalt und das Eine als die vielen zu manifestieren vermag. Es ist die eine Identität oder REINES GEWAHRSEIN.

Das Größte ist gleich dem Kleinsten,
Es gibt keine festen Grenzen.
Sein ist gleich Nichtsein,
Nichtsein ist gleich Sein.
Wenn etwas nicht Soheit ist,
Braucht man es nicht zu bewahren.
Eins ist Alles,
Alles ist Eins.
Kann man es auf diese Weise vollbringen,
Warum sich dann noch um Unvollendetes sorgen?
Glaube an den Geist ist Nicht-Zwei,
Nicht-Zwei ist Glaube an den Geist.
Der Weg der Worte ist zu Ende –
Keine Vergangenheit, Zukunft und Gegenwart.[64]
Sengstan

Die Wahrheit liegt natürlich nicht in diesen Worten, sondern in ihrem Verständnis. Wenn Sie wirklich hören, sind Sie tatsächlich hier, und Sie begegnen der Antwort überall. Sie wird ständig in allem und als alles wiederholt und sagt wieder und wieder: «Alles ist eins. Dies ist Es. Du bist Es.»

Wenn Ihnen all dies nicht genügt, werden Sie Ihrem zweifelnden Geist wohl noch auf ein paar Züge durch die Gegend folgen. Sollten Sie jedoch nicht noch einmal in dieselbe Richtung rennen wollen, dann sind Sie ja vielleicht bereit zu akzeptieren, dass diese Stimmen, die Sie so gut kennen, tatsächlich Recht haben. Sie alle bestätigen, dass Sie wahrhaft der klare, offene Raum jenseits aller Phänomene sind. Sie laden Sie dazu ein, sich um hundertachtzig Grad umzuwenden und unmittelbar den Ort zu sehen, aus dem das Sehen aufsteigt, sich an das Sehen zu erinnern, statt nur die Szene zu betonen. Sehen Sie: Es ist *immer* so, wie es ist. Selbst wenn Sie glauben, *dies, wie es ist*, nicht annehmen zu können, ist es doch unmöglich, es zurückzuweisen. *Dies*, wie es ist, vor jedem Annehmen oder Ablehnen, vor allen Wörtern und Gedanken, die sich zu Konzepten verfestigen, ist die Wirklichkeit des Daseins. Es ist grenzenlos gegenwärtiges GEWAHRSEIN. Sie sind diese Geräumigkeit, die absolut alles enthält, einschließlich der Art und Weise, wie Sie sich selbst erscheinen, mit allen Gewissheiten, Zweifeln, Schmerzen, Freuden und einer möglichen Empfindung der Getrenntheit.

Wenn keine Antwort oder kein Konzept Sie aus Ihrer Empfindung der Getrenntheit aufzurütteln vermag, wenn Sie auf Ihrer Suche in eine Sackgasse geraten sind, dann wird es vielleicht möglich, dass Sie alle Vorstellungen ignorieren und sich einfach dem hingeben, *was ist*, und nackt und allein *als dies* dastehen. Vielleicht können Sie dann aufhören, auf ein Ereignis zu warten, welches Ihnen bestätigt, dass Sie völlig wach sind, und einfach akzeptieren, dass es bereits so *sein muss*. Zu akzeptieren, dass es kein separates «Ich» gibt und deshalb niemanden, der erwachen müsste, ist eine Abkürzung. Sie könnten es den letzten «schrittlosen Schritt» nennen. Reißen Sie alle Etikette ab, kümmern Sie sich nicht um die ständig sich verändernden Geschichten in Ihrem Kopf, und sehen Sie, was unverändert bleibt.

Hören Sie auf, sich vorzustellen, dass Sie dies oder das sind oder tun, und die Erkenntnis, dass Sie die Quelle und das Herz sind, wird Ihnen dämmern.
SHRÎ NISARGADATTA MAHÂRAJ

Als Shrî Nisargadatta einmal gefragt wurde, wie er «hinüber» gegangen sei, antwortete er, sein Guru habe ihm gesagt, er sei die höchste Wirklichkeit. Gefragt, was er daraufhin getan habe, antwortete er: «Ich habe ihm vertraut und habe mich daran erinnert.»

Wenn all dies klar ist, aber immer noch ein Glaube an ein separates «Ich» als die primäre Wirklichkeit vorhanden ist, dann sehen Sie noch einmal nach, wer oder was es ist, der oder das dieser scheinbaren Getrenntheit gewahr ist.

Es gibt kein größeres Mysterium als die Tatsache, dass wir immer weiter nach der Wirklichkeit suchen, obwohl wir tatsächlich die Wirklichkeit sind. Wir glauben, dass irgendetwas die Wirklichkeit verbirgt und dass dieses Etwas zerstört werden muss, bevor wir die Wirklichkeit gewinnen können. Ist das nicht lächerlich?
RAMANA MAHARSHI

Zum Ende dieses Buches gekommen, wünsche ich Ihnen den Mut, Ihrem SELBST zu vertrauen und sich als REINES GEWAHRSEIN zu identifizieren und nicht als dessen Inhalt. Dies, wie es ist, ist die durchgehende Einladung, Ihre imaginären Fesseln der Getrenntheit abzuschütteln und jetzt in Freiheit und Klarheit dazustehen.

Klarheit ist der Begriff, den Nathan Gill verwendet, um das Wegfallen des Suchens sowie die Anerkennung dessen, was Sie wahrhaft sind, zu bezeichnen. Für den reifen Suchenden, der dies im Grunde bereits weiß, aber dennoch zögernd an der Schwelle stehen bleibt, hat Nathan ein kleines Buch mit dem Titel – Sie können es sich denken – «Klarheit» geschrieben.[65] Ich möchte dieses Buch mit den abschließenden Zeilen aus *Clarity* beenden:

Eben jetzt sind Sie BEWUSSTSEIN, *das als eine Figur in Ihrem Theaterstück erscheint.*
Vielleicht glauben Sie noch einer Bestätigung dafür zu bedürfen. Vergessen Sie es. Entspannen Sie sich. Sie sind bereits DAS.
Mit liebevollen Grüßen von Ihnen selbst an Sie selbst.

Anmerkungen

[1] Aus dem «Song of Myself» von Walt Whitman (1819–1892).

[2] Kommentar des Übersetzers.

[3] Wei Wu Wei, *Fingers Pointing Towards the Moon: Reflections of a Pilgrim on the Way*, London (Routledge and Kegan Paul) 1958.

[4] David Godman, *The Power of the Presence*, Boulder, Colorado (Avadhuta Foundation), o. J.

[5] Zitiert nach David Loy, *Nondualität. Über die Natur der Wirklichkeit*, Frankfurt a. M. (W. Krüger) 1998.

[6] Das deutsche Originalzitat war anhand der Angaben des englischen Textes nicht aufzufinden. (Anm. d. Übers.)

[7] Niels Bohr (1885–1962), dänischer Physiker.

[8] Shrî Nisargadatta Mahâraj, *I Am That*, Bombay (Chetana) 1973.

[9] Ramesh Balsekar, *Sin and Guilt*, Mumbai, Indien (Zen Publications), o. J.

[10] Tony Parsons, *As It Is*, Carlsbad, California (Inner Direction Publishing), o. J., ISBN 1-878019-10-4.

[11] Aus einem Interview von Blayne Bardo mit Wayne Liquorman im Mai 1998; http://www.advaita.org.

[12] Max Planck (1858–1947), Theoretischer Physiker.

[13] David Bohm: *Wholeness and the Implicate Order*, London (Routledge and Kegan Paul) 1980; dt. Ausgabe: *Die implizite Ordnung*, München (Goldmann) 1987.

[14] So zitiert Roger Lewin Misia Landau, eine Anthropologin

von der Boston University, in: *In the Age of Mankind*, New York (Smithonian Institution) 1988, S. 180.

[15] Wei Wu Wei, *Posthumous Pieces*, herausgegeben von T. J. Gray, Hongkong (Hong Kong University Press) 1968.

[16] Laozi, *Daodejing*, 1. Kapitel; nach der englischen Übersetzung von Gia-Fu Feng und Jane English. Die «Zehntausend Dinge» ist eine chinesische Metapher für «sämtliche Erscheinungen». (Anm. d. Übers.)

[17] Bodhidharma (etwa 470–543) war der 28. Patriarch in der indischen Linie der Übertragung des Zen, der das Zen nach China brachte. Huike (487–593) war sein chinesischer Dharma-Erbe. (Anm. d. Übers.)

[18] Zitiert nach: *Lexikon der östlichen Weisheitslehren*, herausgegeben von Stephan Schuhmacher und Gert Wörner, Bern, München, Wien (O. W. Barth) 1986.

[19] Nach: Coleman Barks (Übers.), *The Essential Rumi*, Edison, NJ (Castle Books), 1997.

[20] Wei Wu Wei, *Why Lazarus Laughed*, London (Routledge and Kegan Paul) 1960.

[21] Nikolaus Kopernikus (1473–1543) brachte die Vorstellung auf, dass die Sonne und nicht die Erde das Zentrum des Sonnensystems ist, womit er die Weltanschauung des Mittelalters in ihren Grundfesten erschütterte. Tatsächlich hat sich dadurch nichts verändert; die Erde und die anderen Planeten wichen nicht von ihrer Bahn ab, aber die vorherrschende Sichtweise veränderte sich, was zu einem viel einfacheren und eleganteren Modell der Bewegung der Himmelskörper führte.

[22] Nach: *The Gospel According to Thomas*, Coptic text established and translated by A. Guillaumont [et al.], San Francisco (Harper & Row) 1984.

[23] **Alan Watts,** *Zen-Buddhismus. Tradition und lebendige Gegenwart*, Reinbek (Rowohlt) 1961, S. 222.

[24] **Shrî Nisargadatta Mahâraj,** *I Am That*, Bombay (Chetana) 1973.

[25] **Shrî Krishna Menon:** *Atma-Darshan*, San Diego, California (The Blue Dove Foundation), o. J.

[26] **Laozi,** *Daodejing*, Kapitel 37; aus dem Chinesischen von Richard Wilhelm.

[27] **Laozi,** *Daodejing*, Kapitel 48; aus dem Chinesischen von Richard Wilhelm.

[28] **Nach:** *The Bhagavad-Gîtâ*, übersetzt von Dr. Ramanand Prasad, Fremont, California (American Gita Soc.), 1988.

[29] **Englisch: the** *Awakened One*, was man auch als das ERWACHTE EINE übersetzen könnte.

[30] **Meister Bankei,** *Die Zen-Lehre vom Ungeborenen*, aus den japanischen Quellen übersetzt und herausgegeben von Norman Waddell, Bern, München, Wien (O. W. Barth) 1988, S. 92.

[31] **Namkhai Norbu,** *Dzogchen. The Self-Perfected State*, Ithaca, New York (Snow Lion), 1996.

[32] **Dôgen Kigen (1200–1253), der japanische Meister, der das Zen der Sôtô-Linie von China nach Japan brachte.**

[33] **Al Drucker (Hrsg.),** *Self-Realization*, Prasanthinilayam (Shrî Sathya Sai Towers Hotels) 1995.

[34] **Thomas Byrom (Übers.),** *The Heart of Awareness: a translation of the Ashtavakra Gita*, Boston, Massachusetts (Shambhala Publications), 1990, Kap. 11,6.

[35] **Thomas Byrom (Übers.),** *The Heart of Awareness: a translation of the Ashtavakra Gita*, Boston, Massachusetts (Shambhala Publications), 1990, Kap. 15,9.

[36] **Thomas Byrom (Übers.),** *The Heart of Awareness: a*

translation of the Ashtavakra Gita, Boston, Massachusetts (Shambhala Publications), 1990, Kap. 2,20.

[37] **Thomas Byrom (Übers.),** *The Heart of Awareness: a translation of the Ashtavakra Gita*, Boston, Massachusetts (Shambhala Publications), 1990, Kap. 1,14.

[38] **Rabindranath Tagore (1861–1941), bengalischer Dichter, Romancier und Erzieher, der im Jahre 1913 den Nobelpreis für Literatur erhielt.**

[39] **Thomas Byrom (Übers.),** *The Heart of Awareness: a translation of the Ashtavakra Gita*, Boston, Massachusetts (Shambhala Publications), 1990, Kap. 1,14.

[40] **Sengcan,** *Xinxinming* (Die Meißelschrift vom Glauben an den Geist), aus dem Chinesischen von Stephan Schuhmacher.

[41] **Arjuna,** *How about Now?*, Nevada City, California (Self XPress) 2000.

[42] **Suzanne Segal,** *Collision with the Infinite*, San Diego, California (Blue Dove Press), 1996; dt. Ausgabe: *Kollision mit der Unendlichkeit*, Reinbek (Rowohlt Taschenbuch) 2000.

[43] **Hafiz in:** *Love Poems From God*, übersetzt von Daniel Ladinski, London (Penguin Compass) 2002.

[44] **Aus dem** *Rubaiyat* von Omar Khayyam.

[45] **Alan Watts,** *The Book On The Taboo Against Knowing Who You Are*, New York (Pantheon) 1966; dt. Ausgabe: *Die Illusion des Ich*, München (Kösel) 1980.

[46] **Aus dem** *Rubaiyat* des Omar Khayyam.

[47] **Laozi,** *Daodejing*, 2. Kapitel; aus dem Chinesischen von Richard Wilhelm.

[48] **Kevin Kelly, «God is the Machine», in** *Wired Magazine*, Dezember 2002.

[49] **Aus dem** *Rubaiyat* des Omar Khayyam.

[50] Rûmî, übersetzt nach Coleman Barks (Übers.), *The Essential Rumi*, Edison, New Jersey (Castle Books), 1997.

[51] T. S. Eliot (1888–1965).

[52] Laozi, *Daodejing*, Kapitel 11; aus dem Chinesischen von Richard Wilhelm.

[53] Spruch aus dem *Zenrin-kushu*.

[54] Michael Talbot, *The Holographic Universe*, New York (HarperCollins) 1991; dt. Ausgabe: *Das Holographische Universum: die Welt in neuer Dimension*, München (Droemer-Knaur) 1992.

[55] William Blake, in «Auguries of Innocence».

[56] Rûmî, übersetzt nach Deepak Chopra (Hrsg.), *The Love Poems of Rumi*, New York (Harmony Books) 1998.

[57] Arthur John Arberry (Übers.), *Doctrine of the Sufis by Muhammed Al-Kalabadhi*, Cambridge (Cambridge University Press) 1935.

[58] Buddhistisches Gedicht.

[59] Ojai, California (Black Dot Publications) o. J.; dt. Ausgabe: *Erleuchtung für Anfänger: Die Entdeckung des göttlichen Tanzes*, Stuttgart (Lüchow) 2001.

[60] Ella Wheeler Wilcox (1855-1919), amerikanische Schriftstellerin und Poetin.

[61] Dattatreya's song of the Avadhut: an English translation of the Avadhut Gita with Sanskrit transliteration by S. Abhayananda, Olympia, Washington (Atma Books), 2000.

[62] Longchenpa, *You Are the Eyes of the World*, Ithaca, New York (Snow Lion), 2000.

[63] Sengcan, der 3. Patriarch des Zen in China, in seinem *Xinxinming* (Die Meißelschrift vom Glauben an den Geist); aus dem Chinesischen von Stephan Schuhmacher.

[64] Seng-ts'an [Sengcan], *Die Meißelschrift vom Glauben an*

den Geist. Das geistige Vermächtnis des dritten Patriarchen des Zen in China, aus dem Chinesischen übersetzt von Ursula Jarand, Bern, München, Wien (O. W. Barth) 1991, S. 26 f.

[65] **Nathan Gill,** *Clarity*; das Buch kann man im Internet unter **http://www.NathanGill.com herunterladen.**